中华现代学术名著丛书

凉山彝家

林耀华 著

图书在版编目(CIP)数据

凉山彝家 / 林耀华著. —北京：商务印书馆，2023
(2024.11 重印)
（中华现代学术名著丛书）
ISBN 978-7-100-21547-3

Ⅰ.①凉… Ⅱ.①林… Ⅲ.①彝族—社会调查—凉山彝族自治州 Ⅳ.①K281.7

中国版本图书馆 CIP 数据核字(2022)第 150280 号

权利保留，侵权必究。

中华现代学术名著丛书
凉山彝家
林耀华 著

商 务 印 书 馆 出 版
（北京王府井大街 36 号　邮政编码 100710）
商 务 印 书 馆 发 行
三河市春园印刷有限公司印刷
ISBN 978-7-100-21547-3

2023 年 4 月第 1 版　　　开本 880×1240　1/32
2024 年 11 月第 2 次印刷　印张 8¼　插页 1
定价：58.00 元

林耀华

(1910—2000)

出版说明

百年前,张之洞尝劝学曰:"世运之明晦,人才之盛衰,其表在政,其里在学。"是时,国势颓危,列强环伺,传统频遭质疑,西学新知亟亟而入。一时间,中西学并立,文史哲分家,经济、政治、社会等新学科勃兴,令国人乱花迷眼。然而,淆乱之中,自有元气淋漓之象。中华现代学术之转型正是完成于这一混沌时期,于切磋琢磨、交锋碰撞中不断前行,涌现了一大批学术名家与经典之作。而学术与思想之新变,亦带动了社会各领域的全面转型,为中华复兴奠定了坚实基础。

时至今日,中华现代学术已走过百余年,其间百家林立、论辩蜂起,沉浮消长瞬息万变,情势之复杂自不待言。温故而知新,述往事而思来者。"中华现代学术名著丛书"之编纂,其意正在于此,冀辨章学术,考镜源流,收纳各学科学派名家名作,以展现中华传统文化之新变,探求中华现代学术之根基。

"中华现代学术名著丛书"收录上自晚清下至20世纪80年代末中国大陆及港澳台地区、海外华人学者的原创学术名著(包括外文著作),以人文社会科学为主体兼及其他,涵盖文学、历史、哲学、政治、经济、法律和社会学等众多学科。

出版说明

出版"中华现代学术名著丛书",为本馆一大夙愿。自1897年始创起,本馆以"昌明教育,开启民智"为己任,有幸首刊了中华现代学术史上诸多开山之著、扛鼎之作;于中华现代学术之建立与变迁而言,既为参与者,也是见证者。作为对前人出版成绩与文化理念的承续,本馆倾力谋划,经学界通人擘画,并得国家出版基金支持,终以此丛书呈现于读者面前。唯望无论多少年,皆能傲立于书架,并希冀其能与"汉译世界学术名著丛书"共相辉映。如此宏愿,难免汲深绠短之忧,诚盼专家学者和广大读者共襄助之。

商务印书馆编辑部

2010年12月

凡 例

一、"中华现代学术名著丛书"收录晚清以迄20世纪80年代末,为中华学人所著,成就斐然、泽被学林之学术著作。入选著作以名著为主,酌量选录名篇合集。

二、入选著作内容、编次一仍其旧,唯各书卷首冠以作者照片、手迹等。卷末附作者学术年表和题解文章,诚邀专家学者撰写而成,意在介绍作者学术成就、著作成书背景、学术价值及版本流变等情况。

三、入选著作率以原刊或作者修订、校阅本为底本,参校他本,正其讹误。前人引书,时有省略更改,倘不失原意,则不以原书文字改动引文;如确需校改,则出脚注说明版本依据,以"编者注"或"校者注"形式说明。

四、作者自有其文字风格,各时代均有其语言习惯,故不按现行用法、写法及表现手法改动原文;原书专名(人名、地名、术语)及译名与今不统一者,亦不作改动。如确系作者笔误、排印舛误、数据计算与外文拼写错误等,则予径改。

五、原书为直(横)排繁体者,除个别特殊情况,均改作横排简体。其中原书无标点或仅有简单断句者,一律改为新式标点,专名号从略。

六、除特殊情况外,原书篇后注移作脚注,双行夹注改为单行夹注。文献著录则从其原貌,稍加统一。

七、原书因年代久远而字迹模糊或纸页残缺者,据所缺字数用"□"表示;字数难以确定者,则用"(下缺)"表示。

1943年，林耀华教授(后排右立第四人)赴凉山彝区考察途经麻柳湾时的合影。后排左起第二人为麻柳湾里区支彝人头目里区打一，第三人为保头里区打吉；后排右起第二人为白彝"毕摩"(巫师)胡占云；除后排右起第五人外，其余皆为白彝娃子。

1943年，林耀华教授(左二)赴凉山彝区考察登黄茅岗绝顶时的合影。左一为翻译王举嵩，左三为同学胡良珍，左四为彝人保头阿着哲觉。

1943年,林耀华教授(右一)和他的考察团在赴大凉山途中。

彝人保头里区打吉(右一)及其妻子和女儿,左立第一人为打吉的婶母(1943年8月)。

今日美姑县城一瞥（摄于1992年2月）。

林耀华教授（右二）与布拖皮革厂厂长赫黑约日（彝族，右一）在一起（摄于1984年5—6月间）。

1992年春,林耀华教授派他的博士研究生潘蛟(彝族,右一)同志再次赴凉山彝区考察,图为潘蛟与里区打吉的后代在一起。右二为里区打吉的长子打吉比俄,右三为次子打吉木也;左一、二为木也、比俄之妻;左三为比俄之子。

今座落于凉山彝族奴隶社会博物馆内的林耀华先生塑像。

编者说明

本书系作者1943年赴大小凉山地区考察后所写,1947年由商务印书馆首次出版,名为《凉山夷家》。本书以1947年商务印书馆版为底本排印,为保持学术文献原貌,书中有关少数民族称谓、地名等一仍其旧,不做修改。

目 录

凉山彝家

序 ·· 1
第一章　区域 ··· 3
第二章　氏族 ··· 19
第三章　亲属 ··· 30
第四章　家族 ··· 45
第五章　婚姻 ··· 55
第六章　经济 ··· 66
第七章　阶级 ··· 77
第八章　冤家 ··· 88
第九章　巫术 ··· 98
附录一　倮倮亲属名词 ··· 110
附录二　川边考察纪行 ··· 122
索引 ·· 141

附　　录

凉山彝族今昔 ··· 147

目录

三上凉山
　　——探索凉山彝族现代化中的新课题及展望 ……………… 169

林耀华先生学术年表 …………………………… 林宗锦　221
《凉山彝家》：内外兼修的民族志典范 ………… 嘉日姆几　232

凉山彝家

序

我于十余年前曾经梦想过游历凉山深入"倮倮国",外人所谓独立倮倮的区域。抗战以后,辗转川滇从事任教,于是得有机缘亲历伟大的西南后方,去年夏天前往凉山彝区*考察,因实现了从前的梦想。

考察时间系七月二日到九月二十六日,前后共八十七天。从成都率领同学胡良珍君并校工老范同行,至雷波聘翻译王举嵩、胡占云并黑彝保头3人,组成燕大边区考察团,西向大小凉山实地研究。行程详情,书中已有记载,不另赘述。

倮倮这个名词,在凉山中不常应用。边区汉人称倮倮为蛮子,倮倮谈话自称彝家。因是倮倮、蛮子和彝家三词,名称虽不同,所指意义却是相同。

本书名《凉山彝家》,凉山为地理区域,彝家却有双关的意义,广义的彝家指整个倮倮社会,狭义的彝家指倮倮的家族组织。第一章区域标明考察的地理范围,第二章到第五章叙述社会团体从大到小的机构,因氏族、亲属、家族与婚姻乃系彝家一个连串的组织。第六章到第九章描写彝家几方面主要的生活枢纽,经济、阶级、冤

---

* 1947年版中的"夷区"、"夷家"、"夷人"等中的"夷",本版中均改为"彝"。——编者

家与巫术，都有特点的表现。

《凉山彝家》是一部实地考察的报告，依据作者亲自搜集的材料，叙述以家族为中心，当然关联到与家族有关的其他方面的生活，不是如此即将流于概况调查，不能深刻表现生活的内容。测量彝人体质的材料，一时无从统计考核，待将来另成一篇发表。尚有彝文经典的翻译并彝人个别的传记，也须等待整理，再行问世。

凉山考察并报告完成，作者须向多方面致谢。吴文藻师一向热心指导，此次更极力帮忙，最足令人钦佩和感谢。哈佛大学叶理绥教授（Professor Serge Elisséeff）勉励从事实地研究，哈大人类学系诸大师谆谆教诲，使作者深觉受严格科学训练的重要。整理期中关于彝文亲属名词的注音，蒙李方桂先生指正。图表绘画多由社会学系助教陈舒永君担任。其他同工并边区朋友辅助教益之处，统此道谢。

最后关于考察经费，系受中国抗建垦殖社、罗氏基金委员会与哈佛燕京学社三机关补助，亦特借此机会敬表谢忱。

三十三年六月二十六日自序于成都燕京大学

第一章 区域

凉山是四川、西康、云南三省交界的一个区域,大凉山脉乃自西康贡噶山脉岐分而来,共分四大支。第一支最北,盘结在四川境内峨边与马边之间,在㑩㑩彝地称为万石坪山脉,亦即大渡河与马边河的分水岭。第二支为大凉山主脉,北部自黄茅岗往南伸展,经黄草坪、烟峰山、大风顶达南黄茅岗,尽于金沙江岸的龙头山,亦即美姑河与西苏河的分水岭。第三支盘结于乌抛彝地,与竹核等处的乌抛山,为美姑河与西溪河的分水岭。第四支为八溪山脉,在西康境内昭觉与宁南之间,即系西溪河与会通河的分水岭。俗以黄茅岗为大小凉山的划界线,黄茅岗以西至会通河以东之地为大凉山,属昭觉境内。黄茅岗以东为小凉山,属雷波、马边、屏山、峨边四县,亦即世人所简称的雷、马、屏、峨区,在川省西南第五行政区范围之内。(参阅第一图及第二图)

凉山自古为㑩㑩盘据之区,汉人踪迹罕至其地。彝家的大本营在大凉山,不受汉人势力的统治。小凉山则为彝汉往来交易之所,也是两族杂居地带,至统治势力则两方互为消长。汉人势力兴盛之时,㑩㑩大部西越黄茅岗,退守大凉山。至汉人势衰,彝家必趁势叛变,出扰小凉山各地,使雷、马、屏、峨区无日安宁。

实则倮倮所居之地,并不限于大小凉山。西康除昭觉之外,尚有其他宁属八县并康属九龙也有倮倮氏族的分布。根据各家报告,西康十县合计约有彝家人口六十万。在越嶲、昭觉县城以东的大凉山区域,倮族比较纯粹,自成系统,从来不愿受汉人的同化。

第一图　川康滇边界略图

第二图　大小凉山地图

　　金沙江以南地带,在云南省境之内,也是倮倮分布居留的区域。按滇省居民,平原之上十之八九为汉人,高原山谷之间则为彝族星罗棋布之区。昆明大理线以南,摆夷*为主要氏族,与泰掸系接近。此线以北的彝族皆系倮倮及与倮倮接近的麽些力些等族**。倮倮也

---

　　*　今傣族的旧称。——编者
　**　麽些,今纳西族的旧称;力些,今傈僳族的旧称。——编者

向昆明大理线以南进展。甚至在滇省境外,安南、缅甸一带也可找到倮族的踪迹。作者于民国三十一年(1942)曾在滇省居留八九阅月,对于境内彝民甚为留意,当时参考各家报告,估计滇省倮彝及其有关诸族,人口总数不在一百万之下。

居留滇省的倮族,与居留川、康一带的倮族稍有不同。滇省倮族因与邻族互通婚媾的关系,在体质方面略有变化,文化方面无论物质生活或习俗惯例,颇受汉人的影响。许多倮民因为汉化之故,自己承认系汉人,不愿被称为倮倮。

既知倮倮在川、康、滇三省分布的梗概,可进而稍详叙述大小凉山区域的情形。

大凉山主脉为南北行的山脉,前已提及,在山脉南端的东面,有八段土岭,结成山脚,北部起自大谷堆,南达金沙江畔,都是向东而行,将凉山形成多足虫形,皆尽于西苏河边,此即俗所谓的八寨。八寨南段临江,山岳悬岩千仞,北段与龙头山相接,峰岭重叠,古林阴郁。明、清两代极力经营边区,至嘉、道之间汉人势力渐达黄茅岗以东之地。道光十八年(1838)变乱开始,彝人侵占大小谷堆,汉军退守山稜岗筑城自固,又于马颈子设要寨,与山稜岗成犄角之势。西苏河以西各地如母狗坡、拉米的汉人也先后退至河东,并于千万贯设一彝人土司,即杨土司,以系维远近的倮倮。

八寨以北,汉人也曾设下口岸,期望向西进展。山稜岗北去有滥坝子,再北有牡牛坝,都可从屏边西宁登山。黄草坪东面,在马边境内有油榨坪,曾经汉人开垦种植,清代鼎盛之时,此地辟为大场,以为与倮倮交易之所。再北烟峰山一带,多悬崖绝壁,荒野老林,汉人裹足不前。

登大凉山最北口岸就是洼海。洼海已入大凉山境内,范围甚广,东西占数十里。洼海系马边、峨边两县入大凉山必经的孔道。是地距离两县城各约二百里。从马边西行,经月儿坝、楠木坪、登黄茅岗可达洼海。从峨边南行,经梯子崖、斯栗坪到达万石坪,一路穿过大森林,也可直抵洼海。由洼海南行,又通达大凉山中枢,因是洼海成为交通线重要的交叉点。

洼海南二百余里即系大凉山中枢的牛牛坝。该地位于彝车河与连渣脑河流入美姑河的交叉点,背负大山,三面环水,为一平台地。牛牛坝往东可至雷波,往西可至越嶲。西南至昭觉,北行至洼海,更通峨、马二县,是凉山交通的中心。又因地势险峻,为用兵凉山必争之地。宣统元年(1909)英人布尔克(Donald Burk)率随从十余人由建昌*入凉山探险,路至连渣脑被彝人碎杀,随从被执为奴娃,几引起国际严重交涉,当时川督赵尔丰立饬建昌、峨边、马边三路官军进剿凉山,约定会师牛牛坝。实则官军仍用保头作为向导,沿途妥协,兵至连渣脑,烧去几座房屋,杀了几个彝人。回师于交脚旧泛,筑城置昭觉县。赵尔丰计划彻底整理凉山彝区,谋筑雷、建通道。建昌部分已经沟通昭觉,越过美姑河,达耶路那达。雷波部分仅修至山棱岗附近,因彝人率众劫夺,乱起停工。后来通道的工程,全部被彝人毁去。民国初元**,昭觉防军撤去,彝人先后反叛,竟于民八(1919)陷城,劫杀掳掠,为状至惨。时至今日,昭觉大部仍在彝人盘据之中,是为凉山倮倮出入西康的主要门户。甚至西昌与昭觉之间的交通,有时亦在彝人势力控制之下。

清末光绪年间,因倮倮几次反叛,侵占黄茅岗以东各地,城镇交

---

* 位于今西昌。——编者
** 即1911年。——编者

通亦被扰乱。但当时驻军尚多,该区域虽沦陷,其间乡镇保存者仍不少。例如黄螂与雷波之间皆系汉地,交通无阻。他如三河口、油榨坪、中山坪、滥坝子、山稜岗、马颈子、西苏角、小屋基、猓子村等处都在汉人手中,虽不能连成一片,若一旦有事,皆可相为策应,民国以后,驻军减少,倮倮大形猖獗。先是失去菖蒲田,雷波、黄螂间交通断绝。失去山稜岗、马颈子,雷波城西就没有保障。失去烟峰、油榨坪,马边通大凉山的中路隔断。再失去三河口,马边与峨边间的交通亦告断绝。民国十六年(1927)雷波县长罗冕南在猓子村被边民击死,政府未加声讨,大失威信。因此倮族更无忌惮,造成二十年来反叛大乱之局。

以上所述大小凉山区域,北起峨边县南达金沙江约九百华里。东自雷波西至昭觉约六百华里。此区域内的人口情形,按作者所经过的地方估计推论,约有倮倮人口二十万。

作者此次率领考察团,因时间关系,不能遍走大小凉山各地,只能就考察的区域,详加检讨,以为研究倮倮的根据(参阅第三图)。由宜宾沿金沙江上溯,一直到达屏西秉彝场,系往四川西南边区的大道,沿途已无彝人的踪迹。秉彝场旧名蛮夷司,迄今沿用,但已名存实亡,全区都是汉人。秉彝场系中都河与金沙江合口处,上三里石角营又为西宁河入金沙江处。水顺时汽船可到此地,平日木船可达,为金沙江上流航行的终点。因此秉彝场实扼水陆交通之冲,为屏山西境的门户,亦系内地通达边区的要口。街市依山建筑,凿崖壁架栋梁,屋底用木柱支持,高至数丈,水涨时住屋也不至没顶。外间盐布货物,皆在此地起卸,转由人工揹夫运到边地与彝人贸易。彝家币制沿用生银,衡量以两以锭,在秉彝场即能交换,可知彝汉交易的势力,在此已极重要。

第三图 考察区域示意图

从石角营沿西宁河上溯,五十里到夏溪。考西宁河之源,出于黄茅岗东侧,经雷波之滥坝子、中山坪、罗三溪,至屏边的西宁,计程约百余里,再八十五里始达夏溪。

夏溪位于西宁河南岸,为沿河最大的村镇,人口将近四千。镇上有商店饭馆,远近彝家常来买卖交易,过河不远之地即为马边界,马边彝人亦常到此地。从夏溪上溯西宁,沿岸都是汉人村寨,四围山上皆系彝家,以是此区为彝汉杂居之地。

夏溪西行十五里,至撕栗沱,为一小村落,几十户人家。屏边乡乡公所,设在此村,全乡包括撕栗沱与西宁,以及两地间的村寨,东西相距约七十里。撕栗沱村内有中国抗建垦殖社第二区事务所,所内人员正在计划建设,使该村成为模范村落。村后有泉水一潭,可稍用工程贯入村间为自来水。抗建社甚勉励垦民殖边,村西麻柳塘、流中沟一带荒山,都经垦民种植,现已包谷遍野,结实累累。抗建社垦民更往西开殖,经西宁、罗三溪,南达中山坪,入雷波县境。

撕栗沱西去沿途只有山僻小路,崎岖难行,又因山岭阻隔,必须往返渡河。沙沱一带河中堆积沙石,水从石底流过。到胡家堡子,两岸皆系峻壁丛林,河水狭隘,且多崖石。因此西宁河极难开濬以通舟楫。胡家堡子离西宁尚有十余里,民初彝变,西宁焚毁一空,胡家堡子亦数度被袭击,但因碉堡坚固,未曾遭祸,为西宁一带硕果仅存的汉民村落,只有五六户住屋。

西宁系山谷中的小平原,前清盛时曾住过两千户人家,为边区重镇之一。民国九年(1920)彝人反叛,全市焚劫一空。近年因各垦社成立,在旧时屋基之上建立村落,但皆系茅竹屋宇。本年*7月初旬村上一处失火，竟于两小时之内，全村焚毁一空。二十余日后作者亲到西宁视察，见新建茅屋又已成列。今约有住户百余家，人口六七百人，男多女少，因来此边区多系具有冒险性的壮年男子。

西宁河由村右绕转村南，再蜿蜒往东流行。村后一带平原皆种稻米。四围高山，山顶亦可种植包谷，桐子及茶树等，惟离村稍远即入彝区。抗建社之外，尚有中心垦社、县营垦社在此成立办事处，社员及垦民都是负枪携械以资自卫。县府另设屯垦保卫队，日夜警备，深恐边民生事，彝汉冲突。

西宁为雷、马、屏三县交界处，又系小凉山的中心，所居地位至为重要。远近为恩札支悍彝，时常叛变纷扰。如西宁不守，河东诸地亦将危殆。此地北去马边南去雷波两县城，为一直线关系，因中隔彝区不能通达，行旅者不得不东回石角营绕道而去。

西宁在小凉山原系四通八达之地，彝乱之后形势大变。北去马边既荆棘丛生，西面牯牛坝、油榨坪、滥坝子可登大凉山诸要口，亦全没于彝区，汉人裹足不前，更不敢作何冒险企图。开发小凉山应先充实西宁，即开发大凉山亦当以西宁为根据基地。

从西宁南行，由于抗建社的努力，垦民已移殖于罗三溪、中山坪一带，再南至野鹿坝渐上山坡老林，全区原系雷波东林乡地域，为黄茅岗经大谷堆东伸的侧脉。民国六年（1917）恩札支彝人侵占该地，内有溪沟十四道，灌溉极便，侧脉与溪沟之间又有坪坝十八处，土壤肥沃，雨水充足，可作各类耕种。野鹿坝以南，经九龙岗分水岭，中有高峰陡壁，森林老木，约一百里程始达雷北麻柳湾。

---

* 指1943年。——编者

西宁、雷波的间隔，本来只有一百四十里，因彝区关系，必绕道石角营沿金沙江南行，经过四百一十里的路程。由石角营到冒水孔过邓溪塘即入雷波境的大岩洞。屏、雷交界的蛮溪口，常为彝匪出没之区。许多旅客垦民曾在此处被掳为倮族奴隶，称为娃子。大岩洞西行，中经崖壁，路宽二三寸，峻险万分，崖下江水滔滔，击石作巨响。对江为云南境界，山岭重叠，森林阴郁。到沙湾攀登二十里陡坡，不复再见金沙江，十余里即抵黄螂。

黄螂为雷东第一重镇，设有区所，人口千余，街道狭小。旧日城墙仍甚坚固，晚间城门紧闭，以防远近彝匪攻击。城外为一平原坝子，土地肥美，灌溉方便，有良田千顷，为山谷中的沃地。城南五里为马湖，广袤三十里，湖水碧绿洁净，四围山野青翠，天然风景绝佳。东南山上已经垦民种植包谷，西南山上尽是彝家村寨。湖南海脑坝，亦称马湖村，彝乱之后，乱石荒草，至为萧条，近驻有保安队伍，村内住民亦稍集聚。

海脑坝至箐口，相距六十里，中间经过分水岭，海拔甚高，民初失陷，雷、黄间交通隔绝，雷波因是变为彝区包围中的孤城。往年登岭，必出资由彝人保头护送，否则半途或被劫杀掳掠。近来由保安队驻防，每逢阴历一、四、七日期，队兵满山放哨，以便行旅交通，且于五子坡顶驻兵一排，以防不测之变。

箐口经文水镇到雷波，计程六十五里，全区皆山谷沃地，园谷遍野。但雷东金竹嘴一带彝匪出没无常，焚屋掳人之事，层出不穷。未到雷波之前，重见金沙江水蜿蜒山谷间，隔江云岭重叠，高峰插天，则为云南境界。

雷波城似网形，建于平原之上，自北而南，渐渐向下倾斜，十五里达金沙江。东西北三面环山，颇似天然太师椅。城郊稻田遍野，有池子可资灌溉,产米甚丰。海拔一千三百公尺,故虽盛夏,气候凉爽。因连年彝乱,人民离散迁徙,全城户口不及万人,即全县估计亦不过三万左右。

城郊附近特别是城东城南一带,村屋甚多,都是散开满布田野间。每屋必于一角自筑碉堡,防御盗匪。住户并非全数汉人,中有汉化彝民杂居,系前杨土司的百姓。城郊人民在生活上无何保障,彝匪常于夜间来此劫杀掳掠,城南南田坝受祸尤深。作者住雷波时,每于深夜闻城外枪声连续,即系彝匪来临。彝人的战略多系十余人结队,先在屋外埋伏,及至夺门而入之时,则击毙一二人,然后掳去一家男女。被掳之人口中塞上草木泥土,不许叫喊。劫夺之后彝匪即从南田坝斜坡下降,沿金沙江畔西北方逸去。

雷波四围山顶,若非荒野之地,即系彝人区域。北山离雷五里的夹夹石,有一班队伍驻扎。更上锦屏山海拔三千余公尺,丛草老林,渺无人烟。东北山谷离城十五里的麻柳湾,为北去屏边西宁的孔道,但此地为里区支彝族占领,汉人不能通过。作者视察麻柳湾之时,由一里区保头率领,出东门登山,到半岭即见山王庙前三个彝人执枪守关,若非保头与他们对话,我们就不能越雷池一步。山王庙在山顶,庙后有土墙木门,出关下山谷即是麻柳湾。三年前庙内驻扎队伍,以防关外彝人,今则反成为彝族的重要关隘。

城西十五里为乌角,系一夹谷平地,从雷波可以望见,此处原为彝汉杂居之地,彝人亦多汉化。三年前驻有军队一排,且设有省立小学。今不但军队撤去,小学亦停办。村上几家汉民,无形中也受着彝人的保护。乌角系入大凉山的要口,彝汉往来的通衢大道。倮倮到雷波与汉人交易,必以乌角为进退的根据点。

从雷波登黄茅岗有三条路线,都可由乌角西行至拉里沟,然后分道扬镳。北路亦可由雷北锦屏山,经山稜岗、田家湾,到大小谷堆翻岗,抵达大凉山内的特喜。南路从拉里沟过母狗坡、羊子桥,由粒米翻岗抵达省已。南北两路都曾经前届考察团走过。作者此次特走中路,一条新路线,由拉里沟登马颈子,经过丁家坪、捉脚那达、马卡哈落,然后穿过一片大老林,由毛昔剧烈翻黄茅岗,中间约一百里程没有人烟,过岗后直达大凉山内的消罗。

乌角有一条街道,住户多数为白彝,黑彝胡家的娃子,汉化之后称为百姓。街道之外,住屋也是散开,每屋与四围邻屋的距离,至少在二三丈之上,满谷遍布谷子,颇为富庶。西北山岭间有小村落,称哨上,为土舍大妇胡里区氏的住处。西行宝琪、扒哈,仍系胡家势力范围,甚至磨石、三鸡窝也有胡家住户。

雷西四十五里为马家湾,一个小村落,茅屋散处山谷间,为阿着支的娃子,已故杨土司的百姓。马家湾西去,则登危岭,坡路难行。作者经过此地之时,适逢雨天,泥土经羊群踩躏,更显险滑,坡下万丈深渊,令人不敢俯视。由山岭穿过老林,保头嘱我们不可离散,因此地常有彝匪埋伏,即彝人亦惧彝匪之来劫夺。

马家湾西面十五里到拉里沟,为一大村落,约五十户人家。山谷中有溪沟一道,住屋散布沟东斜坡之上。此村原为汉地,民初倮倮反叛,掳杀汉民,占领该处。今村内尚有刘、蔡汉人六七家,投在黑彝治下求生存,为雷波极西的汉民住户。此等住户虽受彝人统治,但可维持汉俗,穿著汉服,崇拜祖先。至拉里沟以西凉山中的汉人,全系被掳为娃子,倮倮视他们为财产的一部,他们也必改装换姓,沦入彝俗。

拉里沟为倮倮出入交通的中心据点,雷波运来物品往往先存贮此处,为贩货入山的栈房。北通山稜岗可由北路登黄茅岗。南去

第一章 区域

五宝山、黑角,沿西苏河通小屋基,或再向千万贯沿金沙江折回雷波。西去吴家坝登母狗坡为入凉山的南路。西北过马颈子为登黄茅岗的中路。拉里沟在区域交通上的重要,由此可见一斑。

马颈子离拉里沟只有十里的路程。是地为一山岗,形似马颈,故称马颈子。清末大小谷堆失陷之后,山稜岗、马颈子相继筑成要塞。城墙环于马颈岗上,今已尽毁,只留一二墙基而已。当时曾与倮彝划西苏河为界,河东汉地,留有重兵镇守。不但山稜岗、马颈子相为犄角之势,南面千万贯且设有土司。西苏河东岸的黑角常遭彝祸,由五宝山派兵救援。当时民谣尝云:"生成马颈子,铁打山稜岗,该死的黑角,救命五宝山。"可见当时兵力尚能自保河东诸地。

马颈子即可西望黄茅岗,惟相隔尚有两日里程,此去下坡经过补既支地面,三五小村落,散处山谷之间。又经数度越山翻岭,六十里始抵达丁家坪,黑白彝杂居的村寨。西行长河场一带屡渡溪沟,但水量皆甚浅,为西苏河水流诸支派。捉脚那达为溪沟两旁散居村寨,住屋多系木架支柱,茅草屋顶,人民生活至为困苦。马卡哈落只有三五人家,东距丁家坪约有七十里。

马卡哈落西去,尽是山峰绝壁,荒野老林。林中空气阴湿,难见天日。地下蚂蝗满布,吮人血肉。行路时常见蛇蝎虫类,保头言虎豹亦颇多。作者与同伴曾在老林名硬里落骨者露宿一宵,虽燃火堆,夜半尚觉寒冷。

毛昔剧烈一带仍系老林,出林则登黄茅岗顶,道路忽变平坦,宽度可容往来汽车。岗顶海拔约三千五百公尺,不育树木,仅短草蒙蒙,随秋风起伏,故名黄茅岗。岗西山水秀丽,田园青翠,举目远瞩,渺无边际,宛如世外桃源。回顾岗东,山岭深渊,参差不齐,老林丛草,抑郁阴霾,判然两个境界。

从岗顶向西俯视,左坡村落谓之桥子着落,右坡村落谓之消罗那达,两地相对,皆系吴奇支彝族。大凉山村寨亦为分散式,屋与屋间必有数丈的距离。但每屋皆系土墙木顶,建筑甚为坚固。消罗那达东距马卡哈落约一百里程,中间无人烟。西行再十里为儿候村,也是吴奇支,全村由坡顶平地下达溪边,中有一新式住屋,白墙瓦顶,前面红漆木门,且有雕刻,宛似荒山中的宫阙。

过溪沿岸行五十里到之乎者各村,为阿着支地面。村内有天然池子,四围白杨耸立,状极幽美。村右小岗可向北下望从儿侯村流来的三河以哲溪,此溪流入三河以穆河,亦即汉人所称的彝车河,成一三叉河流汇合处,宛如宜宾的三江口,不过水量甚浅而已。三江口的东坡之上为三河以达村,岗西十里一带小平地,即在彝车河南岸坡上为巴铺村。彝车河北岸坡上为以鲁村,里区支白彝娃子的住处。三河以达、巴铺、以鲁皆面向三江口,成为三足鼎立的村落,也都是里区支地域。

巴铺南向登山为女红村,阿着支领地。再从女红登岗为塔妻,吴奇支地面,亦称吴奇塔妻。塔妻西面岗上为阿着儿僕,岗下为大哥儿柯,白彝车比支的住处。车比系吴奇支娃子,从大哥儿柯向西北下坡有上下二平坝,上坝在西,村名补既来托,下坝在东,村名补既来锅,二坝亦在彝车河南岸坡上,距巴铺西面过沟十余里。

以鲁村沿彝车河西去为白彝苏甲支村落,再西则隔于山岳,据云系黑彝阿侯支地面,为昭觉一带彝人的支系。

三河以达西北沿彝车河上溯十里为河谷,阿着支村落。东北沿三河以哲溪上溯,有葡千村为阿着支,更上葡萄以达村为白彝车比支,三河以达背负大山,从山顶环视,四周村寨,历历可数。北面山岭巍巍，东南塔妻背后之黄茅岗在望，西南远睹彝车河下游，山野村落皆隐约在云雾中。

三河以达一带为大凉山中非常发达的区域，亦为交通线的中心点。西去牛牛坝不过百里，牛牛坝虽形势扼要，但人口繁盛，远不若三河以达。彝车河从三河以达下行到牛牛坝，与连渣脑河联合流入美姑河，美姑河东南行流入溜筒河，然后东流贯入金沙江，全支为大凉山中最主要的河流。彝车河云系源出洼海南部鸡耳洼鸡东侧山间，但中间未经探险，尚不能证明。三河以达北行经斯足以达、恩札瓦西到洼海，约有二百六十里。西面路线则从牛牛坝东侧若谷也打北行，经乌儿果、烘鸡、鸡耳洼鸡达洼海，里程亦与东路相仿。三河以达东去雷波有三条路线，前已提及，按中路计算约有三百六十里。南由巴铺、女红翻山，东出省已，西入耶路那达，耶路那达到昭觉约一百四十五里，因知昭觉与三河以达的距离，尚不及二百五十里程。

作者曾在三河以达一带逗留，从事各种考察。本拟从省已出粒米回雷波，因保头间发生纠葛，遂由北路返雷。

从三河以达向东北行，十五里到葡千，葡千上坡不远即为谷烹，一个里区、恩札及白彝车比各支杂居的村落。再三十里到葡萄以达，坡上又有葡萄海贼，为恩札支村寨。葡萄以达东去30里为特喜，亦有汉译为天喜者，为北路出山距黄茅岗最近的村落。特喜南有怕托，北有斯足以达，与更北百余里的恩札瓦西相连续，都是恩札支的区域范围。

从特喜东翻黄茅岗，又是一条康庄大道，翻岗后下老林到达大谷堆，去天喜已六十里。大谷堆系山谷中的平坝，东西长十余里，坝上土地肥沃，可作耕种，旁流一沟，可资灌溉。汉人势力盛时，曾在此处耕垦，今则荒芜不事种植。东行不及十里为小谷堆。又二十里到竹蒿窝，再三十里到岩池坝。岩池坝东十里为田家湾，系此间较大的村落。黄茅岗以东各村寨，皆系从前熟彝地域，熟彝有汉姓，为前杨土司治下的人民。

田家湾东去四十里为山棱岗，原为汉城，民国八年（1919）彝叛被毁。今所余者只有棱形城垣，荒草已丛生，城内红墙一道，尚可依稀辨识。城下斜坡为卢家寨，住屋分布山谷间。

山棱岗南通马颈子、拉里沟，北达滥坝子。北路尚称平坦，若有彝人保头护送，经滥坝子、苦荞泛可达中山坪。中山坪北去罗三溪、西宁一路已有抗建社垦民势力，可以通行无阻。如能发展西宁，从滥坝子、山棱岗西入大凉山，倒是一条坦途。

山棱岗东距雷波九十里，民八之前有大道可达，亦雷、建通道的一部。彝乱二十余年来，无人通行，道路荒芜不可辨识。作儿窝、跪马坪、大火地一带尚有零散住户。大火地东行上坡，一片荒野老林，极难寻路而进。山顶危干岭故址，尚见往年遗下的一个大石磨。此处海拔与黄茅岗相等，寒冷气候则过之。过岭时适逢大雨狂风，有老背夫几冻死。从锦屏山下坡，南望隔江云南井桧，村镇历历在目。到夹夹石始出丛林，已在雷波山背之上。

第二章　氏族

凉山的倮倮社会,以氏族为最有规模的组织。氏族与氏族之间,有时暂时联盟抵御外侮,稍具部落组织的性质,但事后必又分道扬镳,各自为政,并没有超乎氏族之上的永久团体。

倮倮氏族有支系的分别。所谓氏族系专指黑彝或黑倮倮,因白彝或白倮倮都是追随黑彝主人,自己不成系统的。黑彝大支有恩札、阿着、阿洛、阿素、阿侯、素噶诸系。恩札支人口繁衍,为雷、马、屏、峨区最重要的支派。

恩札又称甘蒲田十二支,即甘家及蒲田二家的总称。甘家在北,蔓延峨边县境之内,更自分支派。蒲田一系更分十一支派,即吼普、立峨、石图、立别、庚儿、水陆、立兔、阿支、乌抛、蛇披和暖峨等支。前五者(吼普、立峨、石图、立别、庚儿)又合称为下五支,分布于屏边西宁一带以及雷波县境之内,支系繁衍,素称强悍。下五支之外,其余六支多蕃衍于马边县境。十二支之中,吼普支为最强大,其势力广布雷、马、屏三县境域。

雷、马、屏、峨区的恩札支或甘蒲田十二支,也蔓延于大凉山内。黄茅岗不但不能阻碍各族的交通,反而成为各氏族接触聚会之所。但因各支系繁衍错综,互相侵占,氏族支系的区域范围,极难有一定的界限。

次为阿着、阿洛两大支,系分布雷波、昭觉间的重要氏族。阿着支中先辈曾于明洪武四年（1371）投诚，封为土司，赐姓杨氏，即边民所称之杨土司。明清两代因欲维系边区彝民，实行土司制，累代世袭。康熙四十三年（1704）土司署设千万贯，现有之甘、蒲田、阿着、阿洛以及雷波境内之九支熟彝，均归土司管辖。若有彝变，政府责成土司剿抚，其协助政府之力不为不多。清末土司移住雷波城北大旗山下望神坡，民初更移入城，十六年（1927）杨土司病死绝后，遗一女名黛娣，今已二十二岁，彝家对之仍甚尊敬，但已往威望势力全已消灭。阿洛支更派分四支，号称吴奇、补既、里区、磨石，从雷波附近往西繁殖，直达大凉山中央，美姑河一带，以及西去竹核尚有阿洛支的势力。

阿素为雷、昭间的小支，但亦自成一个氏族系统。此外在雷波境内，有熟彝九家，皆系甘、蒲田、阿着、阿洛诸支中彝人因投诚而冠以汉姓者。汉人别称之为内九支，用以分别阿着、阿洛五支与甘蒲田下五支诸外支生彝。内九支包括九家，是为丁家、卢家、朱家、胡家、韩家、徐家、马家、苏家和安家。这九支分布区域都在雷波与黄茅岗之间，北达大小谷堆、滥坝子，南越金沙江入云南省境。

阿侯、素嘎两支，全在西康昭觉境内。阿侯、素嘎以及阿洛、马家为昭觉的巨族，支派虽不若雷波彝家之繁杂，但人口蕃盛，势力极大，故可并吞昭觉全县。

我们既知大小凉山倮倮支系的梗概，可进而探讨彝家氏族如何组成。所谓氏族系由父姓一系流传下来的族属。倮倮原无姓氏，其族属的结合则以祖先之名号称其支系，因有里区支、吴奇支等的氏族名称。一个氏族的人民因有共同的祖先，虽各处不同地域，但彼此必以氏族亲属相待，相见称呼则按辈分计算，亲属间共同负有义务与责任。

彝家氏族原是合聚一处,成为村落,但村落住户的排布和汉人村落不同,不是户户毗连,而是住户散布于斜坡或平坝之上。住屋与住屋间的距离,从二三丈到数十丈不等。每村落从几家住户到四五十家住户亦不等,氏族所居的区域,往往包括好些村落,这些村落有时相互为邻,只有几里或几十里的隔离。例如里区支在三河以哲溪流入彝车河的三江口,三面坡上分立三河以达、巴铺和以鲁三个村落,都属于里区氏族。在大凉山中,尚有里区那达、米罗、里区挖施、八其罗等各村,也是里区支的人民。有时同一氏族因为移居迁徙之故,相隔甚远。再如里区支不但分住大凉山,在黄茅岗以东的八寨区里,也有里区支系散布其间,诸如滥坝子、田家湾、马颈子、拉里沟、五官寨子、麻柳湾等处皆是。

氏族支系分散各区之后,彼此若非有特殊事情,平日也不相往来。主要的社会团体,当以氏族村落为一关系密切的单位。氏族村落含有两种条件的结合:第一,在血统上氏族系同一父系祖先所传蕃下来的子孙。第二,在区域上村落占据一定的地理范围,为全村人民生活的根据地。质言之,氏族村落是血缘地缘的两重条件的结合。我们将来讨论打冤家之时,更可看到氏族村落的重要性。打冤家的对象往往是攻击对方村落,以图满足劫杀掳掠的欲望。因是之故,氏族村落的团结格外加强,一方用以保持族支的尊严,一方则防卫祖传地域,以免被敌人侵占。

氏族村落的团结,也须依赖族间的政治组织或村落的首领等等。奇怪的倮倮既无近代的政治团体,也没有一定的领袖方式。不像澳洲土人,氏族内年长之人可握有政权,也不像闽粤一带的宗族,规定辈分及年龄最高之人以为族长。倮倮氏族的首领完全依赖个人的能力。氏族中的男子,由于打冤家的成功,以及办事的能干,族人有事就自然而然的投奔而来。此人必见义勇为,出而治理族间事务,一旦村内有事,必集合族人,出号施令,自己渐渐居于首领的地位。好比三河以达的首领,原为里区制铁,民国二十九年(1940)四川省政府施教团曾聘之为保头。保头一词系边民用以表示黑彝的首领,一个有力黑彝能够保卫他的族人以及族内的娃子和财产,即可作为保头。汉人投在黑彝保护之下以生存者,亦称黑彝为保头。作者入山考察,聘用黑彝护送保卫行旅的安全,此等黑彝亦是保头。制铁当年为三河以达村最有力的黑彝,彝人咸称之为"硬都都"。"硬都都"为彝家名词,形容有势力权柄之人,权势愈大,则其人愈硬。那么能够有力为保头之人,都是"硬都都"。制铁于年前病死,他的权势也随着他的死亡而消逝。俚俚首领的地位,必从个人能力得到,这地位至多维持终身,不能传袭。

制铁死后,继制铁而起者不是他的儿子,而是他的同曾祖兄弟里区打吉。打吉现年三十五岁,一个精明能干的黑彝,作者此次在大小凉山旅行考察,即聘打吉为保头。打吉父亲为船儿,原是马颈子一带的保头。民八(1919)之变,他系重要祸首之一,事后复返原村三河以达,不久病死。当时打吉才十一岁,孤苦零仃,无所依靠。经过十余年的挣扎经营,后来娶妻生子,渐有积聚,现在居然为三河以达村的富户。打吉有二妹,大妹嫁于雷西乌角胡兴民为妻,五六年前兴民逝世,遗下里区氏及二幼女。打吉因协助其妹治理事务,时常往返雷波与大凉山之间,又与汉人接触,得悉外间情形,为凉山中比较开通的黑彝。制铁死后,打吉为众望所归,一跃而为三河以达里区支的领袖。此次打吉率领作者及考察团入山,系他初次保护汉人旅行凉山。村内有两位族叔讽谓打吉将变成汉人,俚俚排外心理,由此亦可见一斑。

小凉山中的麻柳湾,也是里区支村落。彝目里区别土原为著名叛彝,晚年改变作风,安分投诚,霸居麻柳湾。别土有一儿子,很是聪明伶俐,有一次在山王庙前与别土族侄名打一者戏弄手枪,打一误毙别土的儿子。按彝家惯例,族人仇杀,以偿命论。于是别土杀牛宴请族人,公议打一必须偿命。打一两次服药自杀未果。后来别土忽然逝世,没有人迫促打一偿命,他因此得以生存。今年七月间,雷波驻军有一部到麻柳湾附近砍拾木柴,彝人以为军队来此搜索鸦片,因麻村为彝汉鸦片买卖要口之一,遂引起误会。里区族人由打一召集,携械防御,两方就冲突起来。是后麻柳湾彝人和军队结怨,几次冲突,都是由里区打一领导。其他族内事务与彝汉交涉事宣,也都是经打一办理,打一就一跃而为麻柳湾里区支的首领。可见彝人领袖的地位,全是由个人能力争取,特别这人能够召集族人作战斗工作,经过几次发号施令,他就成为大家公认的保头了。

同一族支之间,虽是村落远隔,但彼此视为同宗亲属,往来系善意的友谊的。同一氏族没有打冤家的事情,因打冤家系不同氏族间的争斗。作者视察麻柳湾之时,里区打一正与雷城驻军及汉人交恶仇视,所以有人劝作者不可造次,但保头里区打吉力言无妨,打吉是打一同支族叔,两人又都是有名望的黑彝首领,彼此必可顾全面子。果然我们来到山王庙的时候,三个守关白彝,就向关外通达消息,顷刻之间打一率领白彝娃子十余人浩浩荡荡的前来迎接我们。带了两只公鸡献为酒礼,并托翻译说了许多谦逊的话。作者奇怪的是雷城汉人所谓凶恶暴戾的打一,何以在我们面前表示如此的驯良。可见人性到处相同,不论彝汉责人狠恶抑赞人善良,乃视其人为本人的仇敌抑为本人的朋友。

氏族村落的领袖,虽系由于个人能力得来,但族人百姓拥戴与否也是一个重要条件,村落中黑彝占极少数,百彝娃子占大多数。黑白彝的关系,将于阶级一章详细叙述。这里我们简单的说明黑彝是统治阶级,白彝是被统治阶级,生来阶级分明,不可紊乱。在倮倮社会之中,一个黑彝不但视其族间白彝为娃子,即对族外白彝,也待之如奴隶。反之,一个白彝除了奉他自己的黑彝家主之外,也必伺事任何黑彝为主子。一村之中白彝家户多于黑彝,白彝固应认任何黑彝为主子,但对于拥戴黑彝中谁为首领,却也有相当的力量,因白彝人多,他们的意见即是公意。雷西十五里乌角哨上一带系熟彝胡家氏族散布的村落。胡兴民年青之时,他的叔祖母乌抛氏,因叔祖无后,就把她的姊姊之子阿着铁木抱在家里教养长大。叔祖逝世,乌抛氏意以铁木为承继人,治理胡氏村落及一切财产事务。铁木颇精明能干,但因乖于彝俗,治下白彝不服,群起拥兴民为首,驱逐铁木出村,胡兴民曾于雷波郭纯之先生办团练时入团受训,汉化程度很深,对于汉人感情亦良好,特别关于开辟雷、黄间的交通,兴民的贡献甚多。胡氏用种种手腕,联络恩札支彝人,以张声势;更因汉化之故,用双祧名义,原妻里区氏之外,又娶吴奇氏为次妻,以继叔祖之后。因是吴奇氏娶来与叔祖母乌抛氏同住。兴民联络各支彝人,声望日高,两妻党背景浓厚,更增长他的势力,彝汉之间又多事联系,所者他是很成功的彝家首领。雷地汉人提及胡兴民,莫不起敬佩之心。

乌角地近汉城,曾经汉人开辟,住民又系熟彝,且有汉人杂居其间,在社会组织方面,难免受汉化影响,与其他生彝之区稍有不同。同时地当彝汉往来之冲，又系大凉山出入要口，若非精明能干的首领扼守该处，甚难驾驭各方的冲突。胡兴民于五六年前逝世，遗下两妻儿女，里区氏有二幼女，吴奇氏一子尚在怀抱中。家无雄主，变乱遂产生。兴民有族叔胡长保者，意图娶里区氏，以继兴民之业，按彝例夫死妻可转嫁夫之兄弟或夫之叔侄等。里区氏不愿转嫁，暗使其娘家兄弟将长保击毙。长保家丁单弱，惟舅家表兄吴奇孤保申言代其报仇，率领族众来乌角打冤家，曾有数度往返袭击，两方均有死伤。后来经中人说合，渐渐平息下去。彝人冤家械斗最为普遍之事，有累代仇杀不可冰解者。惟长保一案，关系不在两族之间，故冤家终至打不成。兴民与长保为同族叔侄，族间冲突，向以族内惯例解决，不可以冤家对待。同时兴民次妻吴奇氏与吴奇孤保又系同族。吴奇氏及其娘家，如助其夫对敌孤保，又不免发生吴奇族间之冤家争斗。这种不是同一族支一致对外的仇视，往往实力分化，关系复杂，实难引起长久的冤家械斗。

长保案解决之后，乌角胡家白彝百姓，不下百户，鉴于族主位置虚悬，群议拥兴民堂弟招赘里区氏。兴民无兄弟，惟其叔有三子，皆兴民堂兄弟。长弟兴伦已有妻室，三弟尚幼，惟二弟兴巢已十四岁，可合格承继寡嫂。一日白彝百姓，仓卒间拥兴巢至里区氏屋内，欲行撮合婚配，谁知里区氏微闻消息，远避不纳。百姓又拥兴巢至吴奇氏住处，氏纳之，越年生一女，惟不久吴奇氏病死，今氏父吴奇失途长住女家，照顾两幼甥。

现在乌角统治之权，全操于里区氏之手，雷波县政府任命里区氏为特编保保长，氏有管家娃子蔡某，代为接治对外事宜，亦称为蔡保长。里区氏能够拥有治权，俨然一位女酋长，实亦因其娘家势力雄厚。氏兄里区打吉往往前来乌角辅助其妹治理各项事务,更无人敢起觊觎之心。但此非长久之策,里区氏自知甚明,曾告作者命运不佳,未曾生男。氏年不过三十一岁,按彝俗理应转嫁,惟每申言依汉俗将守寡终身。乌角为彝汉文化间杂之区,其社会如何演变,亦视乎将来彝汉关系如何调整而定。

　　氏族村落有了公认的首领,百姓又能拥戴,村间的团结力遂甚浓厚。每有事故,只要首领登高一呼,村内各户壮男,莫不立刻集合,听候领袖的调遣,或出发远征冤家仇敌,或排布村前保卫族人。麻柳湾彝人既与雷波驻军结怨,稍闻驻军出动,打一即集合数十人埋伏山王庙坡前,等待驻军过坡下金竹嘴之时,准备迎头痛击。驻军与彝人如此冲突,非止一次。乌角胡长保事发生之后,吴奇孤保曾几次前来暗袭,杀掠百姓,劫夺牲畜。里区氏虽系女流,但为一村首领,必亲自指挥管家蔡保长,集合村民抵御外侮,当时乌角尚驻有汉人军队,因里区氏为全村保长,驻军亦出动辅助防御工作。因此村落单位的维持,其主要条件实在于族人的团结,能拥有实力以保卫全村人民的生命与财产,使氏族村落永久保持一个独立的局面。

　　氏族首领须表现勇敢的精神。每有斗争身先士卒,才能令人敬服。不但首领如是,即全族黑彝皆须勇往直前,领导白彝娃子出征,因是黑彝养成奋不顾身视死如归的态度,白彝惯于追随,永远听令,居于服从的地位。里区打吉率领我们考察团出山回雷之日,路过荆棘丛生的危干岭高坡,当时狂风大雨相继而来,满山丛草没有行道,大家既迫于雨淋寒冷,又恐惧虎豹蛇蝎的来临,没有一人敢先行前进,惟打吉挺身领队,先自钻进草丛中寻路而去,那种勇敢坚毅的神态,真令作者思慕不置。

彝家首领的勇敢，只是首领一面的性格。只有勇敢尚不足居于领导的地位。里区别士有一嫡亲侄儿，二十五岁，年龄与打一相仿佛，系麻柳湾有名的勇士，据云每战必挺身在前，且瞄准力甚正确，有放枪百发百中之誉。这侄儿只是勇敢，为人鲁莽愚钝，不足服众，所以别士死后，打一虽系远房，反继为麻村的首领。里区打吉亦是智勇双全的保头，他在乌角协助其妹办理族务，多用政治手腕联络附近各支彝人，且对汉人亦甚拉拢，常得雷城办彝务者的信心。近来每有彝汉交涉之事发生，打吉总是从中撮合之人。因此之故，作者凉山之行，打吉即被介绍而为主要保头。入山从马颈子西行，打吉暗嘱其表兄阿着哲觉率娃子护送考察团去丁家坪，他与其族侄老穆绕道到捉脚那达等待我们。当时作者颇怪打吉半途失踪，事后始知马颈子与丁家坪之间为补既支地面。补既支与里区支系冤家，过境拦路，未免发生冲突，故派没有仇家的阿着护送，既不费兵力，又毫无危险。打吉用心，如此可见。

氏族秩序的维持，赖有智勇兼全的领袖与爱戴领袖的百姓，上下合力，团结一致。村落之中若有纷争纠葛之事发生，多由黑彝家主裁判解决，白彝无有不听命者。黑彝间争执之事，则由有力的当事人从中调解，这当事人往往就是村中的领袖或保头。年纪稍长的当事人，因有丰富的经验，超越的见识，族人莫不信赖他，他的言论大家必奉为圭臬。年老者为首领或当事人之时，对于族支间的斗争，可不亲自参加，惟坐镇村中，运筹帷幄，别遣子弟儿侄辈领导出征。巴铺村首领为里区笑哈，一个身体魁梧，经验丰富的老黑彝。他因年事稍长，蛰居家中，有事时则派其侄老穆出面办理。老穆不过二十五岁，有一次在黄茅岗东侧硬里落骨的老林中，独力捆掳从大凉山中脱逃的三个汉人娃子，因是有勇名。此次考察团入山,打吉所以招老穆为第二保头者,半亦因老穆背后有亲伯笑哈,笑哈系里区支第一个"硬都都"。

里区支全族当以彝车河与三河以哲溪的交叉点为中心,巴铺、以鲁和三河以达共有住户百余家。百余家中只有十四户为黑彝,其余全系白彝。里区笑哈不但是巴铺村的首领,也是里区全族最高贵的头目。凉山彝人都尊称他为阿洛乌黑,没有一人敢叫他本名笑哈。阿洛为里区支派分出来的原系祖先,称之以见其尊,乌黑亦彝语尊敬之意。里区全支只有一人可尊称为阿洛乌黑,此人必须能干,有思想,有德行,并亦有相当年龄者。待他死后,才可另选一个年高德厚的人,继承这个尊称。实则,这尊称系礼貌之词,当然也包括实际的权力。不过着重道德的含义,过于政治的含义罢了。

里区支的阿洛乌黑系作者此次在彝人社会中见到最高大的人,测量立高一八四公分。世界各种族平均立高为165公分,乌黑的高大雄伟由此可见。至于他的思想和道德,亦可从作者亲历的事实以为明证。考察团原聘打吉为主要保头率领入山,打吉邀侄老穆为第二保头。中途打吉另邀阿着哲觉为第三保头。哲觉为人好酒,酒后狂言乱语,且常发生暴戾行为,在路上已有几次欺诈考察团,并谋勒索财物。考察团在三河以达、巴铺等处工作之后,打吉有意命哲觉及老穆二人护送出山,自己却不想再回雷城。我们微闻消息,心上极为不安,因哲觉入山曾有捣乱之事发生,幸赖打吉在场阻挡,出山若由哲觉负责,我等或有被卖为娃子的危险。甚幸行前打吉问计于阿洛乌黑,乌黑直责打吉,既保汉官入山,当谨慎从事,安全护送出境。且云哲觉狂人,不可信赖,路中万一变卦,岂不贻误汉官,同时亦将败坏里区支的声誉。打吉闻言始了解觉悟,决计仍亲自保护考察团返雷。当夜由乌黑提议,向众宣言,我们全团明日动身,从女红、吴奇塔妻经省已翻黄茅岗过拉米出境。实则暗中筹划避免哲觉及外人耳目,速由特喜翻埂出大小谷堆。因哲觉既心怀不测,或于省已、拉米路上已有排布劫夺之事。考察团终至安全返雷,但追忆阿洛乌黑道德崇高,思虑周到,使作者不能不对于彝家首领,发生敬佩之心。

第三章　亲属

亲属虽然与氏族发生密切的关系,但不是二而一的东西。亲属团体与氏族团体各有明显的范围,二者皆从家族的单位发展而成的。我们说明一个家族,必有一个男人为父亲,一个女人为母亲,所以家族必是双系的。氏族则系由家族的单系传衍而扩张的团体:好比北美西南区的租尼(Zuni)族和美拉尼西亚的土洛不列恩德岛人(Trobrianders)都是从母姓一系相传的氏族,普通称为母系社会,倮倮氏族则系从父姓单系相传结合而成的团体,也可称为父系社会。

亲属与氏族不同,因为亲属为双系或多系的,而不是单系的。亲属也从家族单位发展,不但包括父系团体,并也包括母系团体。近代学术界普遍的错误,在于严格的分别父系社会和母系社会,以为二者系种类上的不同。实则,父系和母系不是绝对不同的东西。父母两系相异之处,在于团体间人员的关系而有程度上变更的分别。好比在母系社会的时候,必有父系亲属的存在,不过子女和母系团体接触的机会远超过和父系团体接触的机会。反之,在父系社会的时候,也必有母系亲属的存在,子女和母系团体的往来也就远不及和父系团体的往来。质言之,父母两系的分别,即在于关系上比较的着重一方,而不是种类上绝对的不同。因此之故,只是观察单系的氏族,不足表现社会现象的真相,加上考研双系的亲属,才可了解初民社区的全豹。

亲属为双系的,已如上述,但扩大言之,父母两系之外,举凡夫党、妻党、婿族、媳族等,亦莫不在亲属范围之内,所以亲属又是多系的。在亲属之内,人与人间的联系,必有称谓名词,用以标明彼此的关系。亲属称谓的系统,自莫尔根(Lewis H. Morgan)之后的人类学家,已大规模的应用于实地工作和考察分析,并已得有良好的效果。

倮倮称谓的名词,已全部列成表格,刊入本书附录之内。因欲避免重复起见,本书文中皆用汉译名词,以为讨论分析的根据,举凡彝文方式与标音符号,则请读者参照附录的表格。我们首先注意的问题,就是如何分别倮倮亲属的名词,按照社会组构的实况,列成各类系统,用以表达亲属间不同的关系。任何亲属团体,大致可分二类:一由于血统关系而成的亲属,简称血亲;一由于婚姻结合而成的亲属,简称姻亲。倮倮血亲严格的分别父族与外族的不同,因为倮倮氏族的组织乃系根据父族的亲属团体。氏族人员自成一套的关系,族外血亲则另成一套的关系,二者有别,不可混为一谈。今将倮倮父系及其有关的亲属称谓,列成图表,使读者易于明了并讨论时有根据。

参阅上面图表*,倮倮父系亲属的系统,即可得知父族组织的梗概。父系血亲若从倮倮观点看来,严格的分为两类:一类父系同族的团体,即罗马语文所谓的"父族血亲"(agnates);另一类族外亲属惟与自己有血统关系的团体,亦即罗马语文所谓的"族外血亲"(cognates)。父族血亲又有直系旁系两类:直系亲属有父、祖、子、

---

* 原文如此,但表排于后文,见33页第一图表。——编者

女、孙子女等,旁系亲属有伯叔父、兄弟姊妹、侄儿女等。倮倮对于直系旁系的区别并不重视,因是二者皆为组成父系氏族的基本团体。前章已说明氏族组织,氏族乃系父族血亲向旁系伸展而扩大的一个团体,有时包括十余代甚至几十代,凡在同一支系内的同辈男女,皆视为兄弟姊妹,彼此同为一个氏族的属员,即此已足明了倮倮之重视父系氏族。

父系亲属尚有一支族外血亲,包括姑母的儿女或姑表兄弟姊妹,姊妹的儿女或外侄外侄女,女之子女或外孙外孙女等。这些亲属与自己都有血统关系,但非同一氏族属员。氏族属员与族外亲属关系不同,彼此间的义务与责任不同,因是倮倮才有严格的父族血亲与族外血亲的区别。

亲属图表的绘制,不但要表现亲属的系统,并要表现各类不同的亲属及其间不同的关系。在第一图表之内,我们应用不同的格式,代表性别不同、氏族不同、关系不同的各类亲属。父族血亲用两种不同格式:□形代表男性,○形代表女性。每一格式内有一名词,表示一个亲属或同一类的亲属。族外血亲也用两种格式:△形代表男性,○形代表女性。我们再郑重的申明一次,只有父族血亲同为氏族属员,族外血亲虽从父系追溯关系,却不是氏族属员,而另成一类的亲属。

亲属两大类,血亲之外,尚有姻亲。若按婚姻结合的性质,姻亲可分三类。第一,与父族血亲发生婚姻关系的亲属,诸如从父族娶出女子的人,有姑夫、姊妹夫、女婿、侄婿等。又如嫁入父族的女性,有伯叔母、兄嫂、弟妇、儿媳、侄媳等。这类就是父族血亲的姻亲(agnatic affinals)。图表中有母亲、祖母、曾祖母三个亲属为一特殊情形。是三者皆系族外嫁入本族的女性,但与自己都有血统关

* 本书中亲属系统图因1947年版《凉山夷家》中不清晰，均取自1995年商务印书馆出版的《凉山彝家的巨变》中。——编者

系,故用双重格式,表示例外。第二,与族外血亲发生婚姻关系的亲属,诸如姑表兄弟之妻、姑表姊妹之夫、外侄婿、外侄妇、外孙婿、外孙妇等。这类亲属就是族外血亲的姻亲(cognatic affinals)。在倮倮语文之内,这类亲属没有称谓名词。原因是按倮倮的传统惯例,与族外血亲发生婚姻者,即系父族血亲,这些父族血亲已有亲属关系,所以没有另外的称谓名词。此点将来研讨婚姻关系的时候,就可格外明了。第三,由于自己婚姻而发生关系的亲属,或称单纯姻亲(pure affinals)。从男子立场而论,即是妻党包括岳父母、妻兄弟、内侄儿女等。若从女子立场而论,即系夫族的亲属团体。此节将来当更详论。以上三类姻亲,皆以◇形格式代表男性,○形格式代表女性。这么一来,父族血亲、族外血亲与姻亲三者的不同关系,都有不同格式表现,读者参阅图表即可一目了然,区别不同的亲属团体。

倮倮亲属称谓的形成,有几个普遍的原则,我们应加特别注意。第一,父母两系的不同,为区别称谓最基本的条件。换言之,世系不同,称谓亦随之而异。父亲亲属已如上述,母系亲属亦当详论。第二,性别不同,称谓也就不同。无论血亲姻亲,没有性别不同名词相同的现象。第三,辈分不同也是区别称谓的条件。父系之父祖子孙各代,都有不同的称谓名词。第四,直系亲属与旁系亲属的不同,称谓也就不同。父为直系,伯叔为旁系,称谓名词则互异,子女为直系,侄儿女为旁系,称谓名词亦互异。母系亲属不与父族有关,但亦是旁系。倮倮着重之点,在于族内外的区别,不在于旁直系的分野。第五,倮族注重长房,为一极特殊情形。伯父的儿女不分年龄,皆称兄姊,伯祖的孙儿女亦称兄姊。反之,叔父的儿女并叔祖的孙儿女,不分年龄长幼,全数统称弟妹。

图表中的名词,皆系间接的称谓(terms of indirect address)。亲属名词有直接称谓(direct address)与间接称谓的分别。间接称谓乃系对他人叙述我所称谓的亲属,好比我对别人称我的父亲为父亲。直接称谓乃系对所关系的亲属直接的呼喊,好比我在父亲面前呼唤他为爸爸,而不是呼唤他为父亲。直接称谓在日常生活中用处甚大,亲属关系亦皆从此种称谓表现出来,所以我们不可把它们忽略了。

先从同辈说起,倮倮的兄弟姊妹,和我们一样共有四个间接称谓的专词。直接称谓的情形略有不同。兄姊对弟妹都是呼名,没有专词用为呼唤。弟妹对兄姊都有按序的称谓名词。所谓按序乃按兄姊出生的次序,列为长幼,以便呼唤。参阅附录一直接称谓名词第一表,即可得知详情。无论兄妹各有五个直接称谓的名词,假若一人有六兄,第六兄与第五兄同用一词呼唤。实则,倮族人口极不发展,死亡率甚高,兄弟人数在五人以上者,至为罕见之事。伯父之子女年龄虽小,亦当呼为兄姊按序称谓。叔父之子女则反是,不论年龄皆可呼名。不过,倮倮兄弟姊妹之间,有一集合名词,统括兄弟姊妹的关系。此词倮语谓之 ma dzz gni mo。称谓名词不但表示人与人的关系,并也规定关系中彼此所应对待的行为,彼此所应尽的责任与义务。好比倮倮男女,凡在 ma dzz gni mo 关系之内的人,彼此绝对禁止婚配。由于名词扩大应用,凡父族中同辈的男女,都是兄弟姊妹的关系,彼此也就没有婚姻的可能。

父亲同辈兄弟,直系有一词,旁系亦有一词,包括伯叔父,没有年龄的区别。那就是说,倮倮不像我们称谓,比父亲年长者称为伯父,比父亲年幼者称为叔父,父亲姊妹亦只有一词,不分年龄长幼。至于直接称谓,父亲一词与间接称谓相同。伯叔父的直接称谓,则在父亲一词后,加上五个尾音,按出生的次序称呼。参阅附录一直接称谓第二表即可明了。如果父亲为长兄,其他叔父则加上第二、三、四、五诸尾音。如果父亲为次兄,父之长兄加上第一尾音,父之诸弟则加上第三、四、五诸尾音,余皆可类推。换言之,伯叔父的直接称谓,必按着父亲出生的次序为转移。名词表面上没有年龄的区别,那就是说从名词的呼唤上,看不出谁为伯父,谁为叔父。父亲之堂兄弟,那就是我之堂伯叔,我对之称谓则按堂伯叔自己兄弟出生的次序喊呼,不与父亲兄弟相连。姑母的直接称谓另按姑母姊妹出生的次序,与男子不相混乱。姑夫只有一词,没有次序的分别,有时姑夫亦称为舅父,因姑夫未娶姑母之前,他原为自我的母舅。

祖父一辈有祖父、祖母、祖姑三词。直接称谓即在三词之后,加上按序的五个尾音。曾祖曾祖母二词既没有直接间接的分别,也没有按照次序的称呼。实则,曾祖以上的男女没有其他专词,即以曾祖曾祖母二词以概括之。

弟妹子侄以及其他在自我辈分以下的男女,皆可呼名,没有直接称谓的名词。一个例外情形,即翁呼媳为 Sa mo。翁媳本有回避的忌讳(avoidance),彼此不能见面,不能对话,但有时在远处可允许喊叫。此等忌讳亦不外表示亲属间所应尽的行为关系而已。

父系亲属的称谓系统既如上述,今将母系亲属系统列成图表*,用为比较并研讨两系间的关系。

母亲的兄弟姊妹,那就是自己的舅父姨母。舅父有一专词与伯叔父有别,姨母亦有专词,又与姑母有别。如此可见父系与母系

---

* 见38页第二图表。——编者

之严格区分。倮倮不似英美亲属制度,因英语伯叔与舅父同为一词,姨母、姑母与伯叔母又同为一词。可见英美亲属并不重视父母两系的区分。称谓代表关系,反映社会组织。比较倮倮与英美的称谓名词,即知二者为不同性质的社会。

无论舅父、舅母、姨母、姨夫,四者皆有直接称谓名词,以便按序呼唤。参见附录一直接称谓第三表即知详情。舅父舅母与自己的关系甚为密切,往往舅父即是自己的岳父母,按倮倮惯例对于舅父的女儿自我有优先择配的权利。姨母可能嫁与伯叔父,称谓与伯叔母同。姨父的直接称谓与伯叔父无异。姨父母之子女与自己的关系,与堂兄弟姊妹一般。母姊之子女,即我的姨表兄弟姊妹,我皆称之为兄姊,母妹之子女皆为我的弟妹。姨表兄弟姊妹之子女又皆为我的侄儿女。因为姨母一系的关系,有人以为倮倮偏重母系,自属误谬之论。比较分析彝家的亲属系统,以及系统中人与人关系与生活情形,自知倮倮偏重父系。父系亲属乃为氏族结合的根源,氏族村落又为社会组织的中心。不过,对于母系亲属往来亦极密切,特别在婚姻关系上,有世代互婚的惯例,亲上加亲,母系亲属成为父族之外与自己生活最有关系的团体。

舅父之子女即我的舅表兄弟姊妹,皆有直接称谓,按序称呼,附录一直接称谓第四表可阅详情。舅表兄弟之妻与自己皆以姊妹相称,舅表姊妹之夫与自己则以兄弟相称。自己或兄弟对于舅表姊妹有优先择偶的权利;反之,舅表兄弟对于自己姊妹也有优先择偶的权利。换言之,彝家实行姑舅中表婚姻。姑舅中表亦称交错从表,从英语 cross-cousins 一词翻译而来。交错从表与并行从表 parallel cousins,二者为相对的名词,兄与弟之子女为并行从表,亦即汉语所谓之堂兄弟姊妹。姊与妹之子女亦为并行从表,汉语谓

第二图表
傻傻母系亲属系统

之姨表兄弟姊妹。兄与妹或姊与弟之子女,互为交错从表,亦即姑舅中表。倮语有一集合名词 o zie a sa,即指姑舅中表或交错从表。o zie a sa,与 ma dzz gni mo 二词意义相对,所指的关系亦相反。前者交错从表,有优先婚配的关系;后者兄弟姊妹或平行从表,绝对禁止发生婚姻的关系。

父母两族的中表婚配,乃系累代实行,是以亲属称谓的形成,颇受婚姻关系的影响。试观外祖一代的亲属,外祖母一词与祖姑相同,那就是说外祖母可能即是自己的祖姑。同时,外祖母姊妹的称谓与祖母及伯叔祖母相同,那就是说自己的祖母或伯叔祖母可能即是外祖的姊妹。换言之,父母两系从称谓上看来,祖父与外祖一辈已实行交错从表的婚姻。

从自己的后辈关系,观察亲属称谓,也一样的表示姑舅中表婚姻,舅表兄弟之子往往也是姊妹之子,或说表侄即是外甥。舅表兄弟之女也即是姊妹之女,或说表侄女即是外甥女。表侄或外甥可能即是自己的女婿或侄婿,表侄女或外甥女又可能是自己的儿媳或侄媳。这些后辈亲属都没有直接称谓,因皆可呼名。此中有一例外,即表侄女或外甥女可呼为 sa mo,与呼儿媳相同。

彝家累代实行姑舅中表婚姻,父母两系的亲属遂交相错综,演成重重的血亲姻亲关系。妻党亲属也因交错从表的婚配,称谓制度几乎全由母系亲属脱胎蜕变而来。试阅下列图表[*]即知详情。

岳祖父母的称谓,与外祖父母无异。岳父母即系舅父母。有时岳父母的称谓,与称姑父母相同,原因系由于自我娶姑父母的女儿。如果自己不娶舅父之女,也不娶姑母之女,在称谓上岳父母仍

---

[*] 见42页第三图表。——编者

与舅父母相同,可见俫民实行舅氏女子婚配,历史已极长久,以舅父一词为岳父,在称谓上已包括两重的关系。

妻之兄弟姊妹即为舅表兄弟姊妹。妻嫂与妻弟妇亦即己之姊妹。妻姊妹与己兄弟原为交错从表,系有优先婚配的关系。因此,妻之姊妹夫又为己之兄弟。

如从女性为自我的立场而论,女子嫁入夫族对于夫党亲属的称谓,又另形成一个系统。参阅第四图表*即知此系概况。

夫妇两词皆系间接称谓,夫妇当面不相呼唤,故无直接称谓专词。但至儿女出生之后,男女皆可追随儿女,呼夫为父,呼妻为母。夫父母的称谓与姑父母相同,但因翁媳回避的禁例,翁媳极少直接呼唤。有时,翁姑亦称为舅父母,乃因女子嫁入舅家的缘故。夫之兄弟随夫称兄弟,妯娌则以姊妹相称,因己之姊妹嫁于夫之兄弟,习俗相沿,如妯娌不是姊妹,亦以姊妹称呼。甚至一夫多妻之时,妻妾间亦以姊妹相称。姑嫂关系,彝语谓之 a mī a sa,a mī 原系弟妹称嫂,a sa 则系称姑母之女。称夫姊妹与称姑母之女相同,又不外为舅女嫁入姑家之一例。参阅附录一直接称谓第五表,即知姑嫂间的直接称谓稍有变化。姑嫂之中最长者一人称为 a ma,姑呼嫂或嫂呼姑,其余则按序喊呼。统括言之,妻在夫族的称谓,除了翁姑、妯娌、姑嫂之外,则追随其夫而称呼其他的亲属。

婿党与媳党的亲属称谓,也全部受着交错从表婚配的影响。参见第五图表婿媳两党的亲属系统**,即知此中的关系情形。

第五图表中婿之父为我之妻兄,亦即我之舅表兄弟,婿之母与

---

* 见43页。——编者
** 见44页。——编者

我为姊妹的关系。媳之父为我之妻弟,亦即我之舅表兄弟,媳之母与我又为姊妹的关系。因为这个缘故,亲家对称为舅表兄弟,亲母对称则为姑嫂。

综观倮倮亲属称谓的系统,媳婿两党系由于妻党蜕化而来,妻党又由于母族亲属蜕化而来。归根结底,父母两系亲属最为基本,亦最为重要。父母两族因有交错从表优先择配的关系,彼此互通婚媾,彼此互相依赖,造成彝家亲属制度的特色。

第三图表
妻党亲属系统

第四图图表
夫党亲属系统

夫族男性　◇
夫族女性　▢
例外血亲男性　▣
例外血亲女性　◎
父族血亲女性　○

大姑
伯母
伯父
婆
公
自己
丈夫
子
女
叔父
叔母
婶妇
小姑

第五图表
婿媳两党亲属系统

44

第四章　家族

倮倮氏族有基本的单位，那就是家族，家族又是关系最密切的亲属团体。一个氏族村落往往包括若干家族，约从十家到五十家之谱。每家占住屋一所，散布于平坝或斜坡之上，合成一个村落社区。

家族人员包括一对夫妇以及未婚的子女，子女长成婚嫁之时，则自成家族另居住处，所以倮倮实行普通所谓的小家庭制。家族有娃子奴隶，不在亲属关系之内，因此在家族中又有主奴的关系。彝人虽视娃子为财产的一部，但娃子亦人，其行动必与团体生活有关，不能与物质财产无别。在阶级一章中将详细讨论娃子的地位，这里只稍涉及家族内与主奴有关的事情。

家族人员的动作与关系，必有物质的基础。今先叙述住屋，因住屋系家族聚居之所，亦为生活集中之点。彝家住屋颇表示其为适应环境的产物。大凉山中因为风雪的缘故，住屋一律矮小，围墙四方形，有一二扇大门，设于前墙或左右墙不等。譬如巴铺村里区约哈的住屋只有一扇木制大门，设在右墙前半，与前墙角上的碉堡相去不远。我们进约哈之门，先见露天平场，场左或大门对面是一所木栅，内居家禽家畜。栅前系着狮狗一只，状极凶恶，见陌生人则狂吠，若非有铁链系锁，必定恶啮生人。凉山住户每家至少都有一只狗，用以警备仇敌，保卫住屋。考察团每过一个村落，必遭群狗的追逐与猛吠，若非同行保头彝人对付得法，我们虽有手杖，也无以实行自卫。

约哈住屋的围墙后半，建有长方形的居室，全部都是木料造成，即屋顶亦铺以木板，板上有石块压着，防御风雪，石块在屋顶排列，也很整齐可观。居室又有木门，却没有窗户，进入室中的第一个印象就是烟雾弥漫，口鼻窒息难堪，这是因为彝人在室内锅装烧火之故。锅装设在室内中央，惟稍靠左边。锅装的建造很简单，地下挖一圆坑，直径约有三英尺，是为起火燃柴之处。坑上三角安插三块石片，就是铁锅的坐脚。大铁锅圆底形为汉地运来之物。燃火之法用铁击燧石，但圆坑中恒保守火种，日夜相继，火燃不息。

锅装在彝人家屋中，所居地位甚为重要，论及家族生活之时，就知道锅装为一切活动的中心。我们进屋，约哈迎着，延我们坐在锅装后面靠着后墙，这是尊敬贵客的坐处，他自己却坐在锅装左边，表示主位。主位背后或住室左边隔着板墙就是主人卧眠之所，也是贵重物品重要食粮存贮的地方。锅装前面有木柜、木架、水桶以及一切饮食用具。架下放着木柴和引火稻草。住室右边用竹篱隔开，后半置石磨、石臼、木桶、竹篓等物，前半架一木栏，栏内住着两条黄牛。这是约哈住室的排布情形。

大凉山住屋虽大抵相同，但亦有一二例外。好比保头打吉的住屋，声名满布凉山，却是汉化的彝屋。屋有砖墙瓦顶，石制拱门，门顶门旁且刻有汉字。入门有前后两进，前进汉式天井，两旁禽兽居栏。后进排列布局全为彝式，惟稍宽大，且较干净，锅装石片刻有禽兽花草，风致美术，表示贵族人家的风度。

小凉山住屋略与大凉山住屋不同。小凉山住屋全系茅顶，没有木顶，且皆长方形，没有四方围墙。碉堡有时建于屋角，有时在左边或右边与住屋隔开。贫贱白彝之家，竹楼茅舍，更无碉堡之可言。至于屋内情形，彝家繁简虽不同，但排列布局却千篇一律。中央锅装，左边卧室谷仓，右边石磨兽栏。这种物质文化的布局，也不外表示彝家有一套传统的习俗，控制家族内人员的动作行为。

倮倮的衣服修饰，也有一套的传统。男子剃发，惟于额前留一束，谓之"天菩萨"，系身体上神圣不可侵犯之处。彝人又将脸上胡须全部拔掉，使其断根。旅居乌角的吴奇失途，年逾七十，"天菩萨"已全白，惟面上不见胡须。彝汉人民很难在体质上有所分别，但有"天菩萨"者知其为彝人，有胡须者必系汉人。不过汉人为娃子者，因被迫亦留有"天菩萨"。倮倮男子头上常包布帕，黑、白、蓝三色不等。布帕很长，环绕头上成一圆圈。有时帕尖系一线扎辫子，耸于额顶，似羚羊角，小凉山扒哈村黑彝卢学年就是如此装束。

脸部任其自然，尘垢堆积亦不洗擦。左耳耳叶下部必穿一孔，有的系挂红珠三枚，珠下缀以各色丝絮，有的戴上银耳环，亦有只用棉线穿过耳后而不加饰物。

上衣不分寒暑只有一件，多为蓝色，右边开袒，长及腰际，扣用骨制或布制。袖口及衣缘则以棉线缝上双重布边或几色花边。下体有裤，裤脚宽大，立正时颇似长裙，走路时常把裤脚外边系吊腰带间。彝人便溺只把裤脚一拉，不解腰带，似极方便。脚底无鞋，男女皆是天足。

彝人外着披风，为最重要的御寒工具。披风有两种：一为毡衣系由羊毛揉成，厚而温暖；一为氆衣系由羊毛织成，用以遮雨。毡衣氆衣皆可单独穿上，以为外套，亦可内着毡衣，外加氆衣。二者皆于颈部处缩紧，长逾于膝，惟氆衣下缘有线织流苏，状甚美丽。披风为彝人衣服特色，无论男女老幼无不穿着，流行至为普遍。

彝人女子衣饰,与男子略异。头部"天菩萨"却代以蓄发,并分年龄梳单辫双辫或盘发于头上。所戴头帕帽子,各种方式,亦有长幼时期的分别。女子左右两耳各穿两孔。一孔在耳叶下部,一孔在外耳壳中。耳饰则有红珠、银牌、珊瑚、耳坠等。

女子上衣,略似男子,惟衣襟袖口多缀花边,例如三河以达村里区取喜儿,衣缘有花边三道,衣领有银扣,五排并列。下体无裤,束以长裙,裙有层褶,杂间各色。外套毡衣毲衣,与男子无别。作者初到乌角之日,保长胡里区氏前来访问,远望黯黑女郎,披着毲衣流苏,曳地长裙,飘然迎面而来,大有皇后出行之态。

彝家食粮,依赖牧畜与农业二种。主要的是农业,每家都有耕地,赖土地出产为日常粮食。牧畜并不普遍,只是比较优裕家户,畜有羊群牛群。一般人以为倮倮现在还是游牧民族,是一个错误的观念。

关于农牧详情,将于经济一章中叙述。这里先提及劳作生活方面。家族内的操劳工作,都是娃子的任务,黑彝主子只居指导的地位,每一黑彝家户,必有几个娃子,谓之锅装娃子,白彝或汉人皆可充当。锅装娃子住于主人屋内,代主人劳作,一切衣食皆仰给于主人,自己没有财产,本身也是财产的一部,主人可将其任意变卖。白彝百姓的家户,有独立住屋田地,牲畜财产,也有汉人娃子,代其劳作,但对于黑彝统治者,必须听令调遣,并尽其他义务,尚未绝对脱离奴隶的地位。

彝人家户无论主奴,皆清晨起来,用手拭擦眼睛,从无洗脸的习惯。男娃牧畜者就赶牛羊到山上放牧,耕作者则持农具到园地中犁牛割草。耕种系男女合作之事,我们常见在田园中,夫妇并肩操作,无论是撒种或是刈草,犁土或是收获,都有男女参加。放牧者往往带着隔夜的包谷粑,在山上充饥。耕作者多于十时左右回屋吃早餐,餐后不再工作。或清晨在家,餐后才开始耕作。质言之,彝人对于农务,并不积极,凉山到处荒野,也不开拓垦殖,只要粮食足供一家之需,即已心满意足。

一日早晚两餐,都没有一定的时刻。备饭系女娃的任务,由主妇在住室内取出贮存的晒干的包谷或荞麦,递给女娃去制造。无论包谷或荞麦,都得先在石磨中磨成细粉。锅装烧起火来,架上铁锅,把细粉倒入,加水煮过一道,然后再倒在圆竹箕上,捏成圆饼形,谓之包谷粑或荞粑。包谷粑必须再放铁锅中蒸过一道,然后才可充为食粮。平日便饭,包谷粑之外,有酸菜汤用为佐餐。若加上煮洋芋,或豆腐及青菜合成的连渣菜,就是比较丰厚的餐饭了。

食时必先奉黑彝主子,端食品于锅装左边或后边。彝人盛包谷粑以竹箕,盛酸菜汤以木制小圆桶。桶中安置"马饰子",为彝家特色的食具,功用和匙一般。"马饰子"为木制,柄长尺许,匙部椭圆形,径约三英寸。彝人两手抱粑而吃,咽吞时用右手执"马饰子"盛汤物传送入口。黑彝夫妇子女围食,绝不与白彝娃子同处共食,此系传统划分的惯例,已是牢不可破。且白彝只能在锅装前面或右边坐食,不许坐在锅装后边,因系尊客之处,也不许坐左边,因系主人坐息之处。

饮食规则,不但黑白彝必须分开,即亲属中有回避禁例者亦不能同食。倮倮虽行小家庭制,惟对款待客人一节,至为殷勤。亲属前来访问,须备饭接待,即陌生彝人入屋,亦被邀参加。翁媳回避,不能同食,岳母与女婿回避一如翁媳。叔嫂通问,但兄与弟妇也有回避禁例。里区故仆年才二十八,少于打吉,惟为打吉伯祖之孙,彝例为打吉之兄,一日故仆至打吉家,作者目击打吉,故仆,及打吉女儿三人围食，打吉妻恩札氏与其少子另放一套食具，与三人隔离而食。

考察团在凉山旅行之时，必须在人家寄宿取食。黑彝贵族之户，无不杀鸡羊招待。杀鸡不用刀，用手捏颈闭气而死，就火上灼去毛羽，然后烧烤或煮汤而食。杀羊必剥皮，手术灵敏，羊皮留下制造烟袋物袋。羊肉切成大块，连骨煮熟，稍稍加盐，味道至淡。彝人因少食盐，视盐极为宝贵。有木碗盛羊肉，碗平底宽口，外加颜色图画。彝人食时在地上围坐，黑彝富户招待贵客有木制小圆桌，离地只有半尺，直径约二尺。打吉家招待我们，即用此小圆桌盛列羊肉、米饭等物。彝人与我们亦不同食，每餐必分四队，我等考察人员列为贵客，尊居锅装后面为一队，黑彝主人家属为一队在左边，考察团雇用工友及彝汉揹子又一队在右边。最后一队则为主人家之锅装娃子。后二队常相混，自相往来，惟主人贵客各自成队，永不与白彝或娃子相混。在彝人心目之中，考察人员即不啻为汉人贵族，与黑彝同等。

彝例食物不能独自享受，故彝家餐饭，无论何等贵重食品，莫不大家分享，即娃子亦不向隅。彝家杀羊招待我们，都是十余人一餐分食完毕，无所余留，食后围坐锅装谈天，久而不散。特别有客人时或主人出外归家时，邻居来访，则滔滔不绝的谈论。打吉率我等初到三河以达之日，村中访问者连络不绝，打吉皆一一倾酒相待，以木碗为酒杯。彝人好酒成为习惯，无论男女老幼，皆能一饮数杯，量极宏大，烧酒从汉地输入，但彝人亦自知用杂粮酿酒。彝人嗜酒狂饮，因酒醉闹事引起打冤家者，层出不穷。

晚餐在黄昏，餐后或出外乘凉，或坐谈嬉戏，大约天黑即入睡。睡眠无床铺，只倒地而卧。主人家属卧于住室，男娃环卧锅装左右,女娃卧于屋右石磨附近。卧时无被褥的设备,倒在地上用毡衣盖上,首部缩于衣内,身脚亦缩成一团。我们旅居彝家,因带有蜡烛,燃光照耀,彝人莫不希奇。于是谈天嬉戏,或吹口琴,或作歌唱,在黄茅岗右特喜一夜,且引起彝家姑嫂二人大跳锅装舞,诚亦彝居中的一件乐事。

平日家族活动,工作饮食,游戏睡眠,轮流不息,成一生活上的均衡系统。但在一年之中,有许多例外日期,诸如年节、疾病、送鬼,祈雨等等。这些节期的一套举动与平日生活不同,因是亲属间人与人的关系,也重新的调整一下,平日均衡稍为变更,生活系统也应时更新。

彝人年节无一定日期,历法则跟着汉人,自作天干地支,计算吉凶,一年三次送菩萨,择三月、七月、十月间之吉日行事。十月为彝家过年之期,必须先送菩萨才可过年享乐。过年必杀牲宴饮,拜年嬉戏,出嫁女儿也回家省视,欢乐几天。所谓送菩萨,就是打牛羊猪鸡,祭飨鬼神,祈求家族平安无事,快乐度日。送菩萨必须请笔母*作法,笔母为彝人巫师,每村落中必有一二家户,专为笔母,父子相传,代代相继,为彝族中的特殊人物。笔母家藏各项经典,以为节期、疾病、算命、婚配,以及种种巫术实行时的应用。经典用彝文抄写,倮倮文字能够流传,实赖笔母的师承相继。平日民间不用彝文,文字在彝家所居的地位,并不若一般人所想像的重要。

倮倮发生疾病的时候,不求医药,只请笔母作法逐鬼,因彝人深信疾病原因,由于鬼怪作祟,送鬼出门,疾病自能脱离。送鬼必飨

---

* 今多写作毕摩。——编者

以牲畜,牛羊猪鸡皆可,则视病态的轻重以及家族经济状况的优裕而定。送鬼时必打牛杀鸡,即不啻给与家族人员一个大餐宴饮的机会,稍反日常安定生活以及平淡饮食的状态。

祈雨为一特殊现象。倮倮山居种旱地,雨水甚少。若逢旱年,必向山神祈雨。彝家原无一神观念,相信冥冥之中,万物皆有精灵鬼怪,利用笔母通灵法术,即可控制环境。汉人祈雨有龙王居于水中,彝家日见雨从山头而降,祈雨则必请山神,是亦环境影响宗教思想之一例。祈雨亦请笔母,杀白羊白鸡,在高山崖壁之上,撒散血毛,类似雨雪,念经作法,以求甘霖。祈雨仪式之所以重要,因与家族经济生活发生直接关系,雨水不足就影响到包谷、荞麦、燕麦等的收获,转而影响到家族内的食粮问题。

节期、疾病、祈雨的各种仪式举动,改换日常单调的行为,使生活上变动一下,用以调整人类的心理。他如亲属的往来拜访,馈赠礼物,好比小凉山黑彝每年夏间必到大凉山访问同支氏族或族外亲属,也是人与人关系间重新调整的作用。再如冤家打杀,劫夺械斗,调解和平,赔偿宴客,又何尝不是人类心理起落,调剂常态与变态,使生活系统在均衡与反乱之间往返摇动变更,社会因是得有变迁,而人类生活亦可改进。

日常恒态与节期变动,系一年之中家族生活起落的循环,实则人之一生,从出生到老死,又何尝不是一个循环式的时代轮回。人员来来去去,家族生命循环连续,使倮倮社会代代相沿,彝家文化永流不断。

彝人出生,母氏在住室中分娩,邻居妇女前来帮忙,若系难产,则出银雇有经验的妇女接生,并请笔母送鬼。母子相连的脐带剪下之后,必埋产妇住室地下。丈夫忌讳,远避不前。彝人认产妇污秽,约一月不许出门,恐渎门神,不许烧火,恐渎火神。

出生三日,或五、七、九日,孩子剃头,家长宴请亲属朋友,饮酒祝贺,大家谈论为孩子取名。约一月之后,孩子始敢抱出门外,此时产妇也可携带孩子回娘家。但娘家路远者,往往在过年时归宁。舅家第一次见孩子,必赠牛羊牲畜,衣服器具,由此可见舅甥关系的密切,母系亲属的重要。

孩子由母亲喂乳,到四五岁为止。如果母亲又生子女,孩子即停乳,喂以包谷粑洋芋之类,与成人食品无异。幼年女娃看顾孩子为其工作之一。彝家对于男女孩的待遇没有分别,只是黑白的界限很明。大人往往指明某孩为"黑骨头",即是黑彝,表示与白彝或"白骨头"有所分别。"黑骨头"属于贵族阶级,"白骨头"则系奴隶阶级,因此在孩子脑子里也渐渐知道黑白贵贱的分别。

彝家幼年为最快乐时代,每日餐饭之余,可自由来去,或与邻居儿童结队嬉戏,或到山上乘凉,或在包谷园畔游耍。黑童此时已居领导地位,白童须听命服从。白彝百姓家道贫困者,儿童于七八岁时即开始学习牧畜耕种,追随大人操作。

从幼年到青年,男女两性开始划分界限,嬉戏工作各不相同。黑男从事学武,弄枪耍杠,骑马追逐,遇打冤家则兴致勃勃,跃跃欲试。一旦组织小队,向仇家攻击,或劫夺财物,勇敢声名日渐传扬,将来或有首领的希望。女子青年活动多在室内,学习针线缝织,制造衣服绣花。在家屋中分派娃子工作,治理家务产业,代父母之劳,称为管家女,因是女子在家族中地位颇高。

青年男女可自由爱恋,发生性的关系,只要不违反传统彝俗,好比父系同族不婚,黑白阶级不婚等例。包谷田园之中,高山丛草之内,尽是青年男女言情谈爱的所在。特别是姑舅表兄弟姊妹,彼此家族间平日关系既密切,交错从表婚姻又为彝人习俗所赞扬,因是苟合欢乐,社会亦不为禁。至婚嫁择配,结婚手续,仪式礼节,婚姻形式与关系等,将于婚姻章中详述。

女子出嫁,入住夫家。男子结婚,自立家屋。夫妇与父母分居,自营独立的经济生活,创立小家庭,是后生男育女,自己却负起为父母的责任。

彝人纪念生辰,在四十岁之前并不重视。四十岁之后每届生辰日期,必杀牲畜宴饮。亲属朋友携酒糖来贺,女婿、外侄等必献布匹。主人则设盛宴招待,又为家族中欢乐的一宵。

年老死丧,仪节甚繁,且多属于巫术崇拜方面。但丧仪为家族亲属团体的大聚会,其影响于社会生活者至巨。死丧原是人类苦痛的事情,家族血亲在痛哭流涕之余,手足失措,不知如何行为方是,因此亲属邻舍前来吊慰,举行仪式,使血亲在心理上渡过难关,渐渐恢复日常恒态。久而久之,仪式成为传统,代代相沿,按例举行。是则丧仪在社会团结方面,以及安定心理方面,作用至大。年前有恩札支老黑彝逝世,大凉山中数千人相聚哀吊,一时轰动,生活反常,又是社会系统中调剂均衡的一种方法。这当然也是表示家族与亲属氏族甚至与更大的社会团体发生连带的关系。

第五章　婚姻

家族组织的起点,往往由于男女结合的婚姻,倮倮也不是例外。彝家因其社会传统的缘故,婚姻有其特殊的规例,这些规例就支配倮倮男女间的关系,并控制亲属团体的形成。现在将彝家重要婚姻规例分别叙述如下:

第一,倮倮阶级甚严,黑彝白彝之间,绝无通婚的可能,此即所谓阶级内婚制(class endogamy)。黑彝男子只能在相同阶级中择女婚配。白彝奴隶自成阶级,互相择偶。社会规例虽是如此,但男女两性天成,有时机缘凑巧,私自苟合,也就不顾习俗的拘束。黑女私通白男者,男女两方皆处死刑。处死之法,男子被迫跳河或跳崖自杀,女子则命之服毒或悬梁自尽。凉山中执行此刑甚严。雷波杨土司于民国十七年(1928)逝世,遗下妻女,妻为沙骂土司安氏女,时年二十,美貌风流,与家臣白彝杨寿萱同居,遂为彝人所不齿。若按彝例男女皆处死刑,因无土司,不能执行。惟沙骂土司已不以安氏为女,所属黑白彝亦不以安氏为主母,各自分散。幸土司女黛娣今已二十二岁,稍知世务,重振旧时家业,然已零落不堪。

黑白不婚已成惯例。惟黑男与白女奸通者罪可宽容,所生子女通常称之为"黄骨头",即"黑骨头"之男与"白骨头"之女所生的杂种。"黄骨头"为黑白二阶级所不承认,所居地位甚难,颇似美洲白种人与尼格罗种人(Negroid)混生之杂种所处的地位。

第二，倮倮有氏族组织，氏族之内不许通婚，嫁娶必于族外求之，谓之族外婚制(clan exogamy)。第二章已详述氏族情形，知道彝家系父系一姓相传，保持氏族团体的结合。氏族之能单系相传团结一致，族外婚制为其主因之一。按倮倮的传统兄弟姊妹为 ma dzz gni mo 的关系，彼此间没有婚姻的可能。此种兄妹关系向着旁系伸展，堂兄弟姊妹，以至凡父系族内的同辈男女，也就绝对禁止通婚。

彝家兄妹或姊弟同在父母保护之下长成。彼此行动关系虽为亲爱的，但亦系正式的，兄妹之间绝无嬉戏淫荡的态度。同时兄弟不能在姊妹之前向其他女子调戏，虽然彝家男女恋爱是常见不鲜之事。其他男子更不能在兄弟之前向其姊妹调情，否则兄弟必举拳击之，事情扩大之时，或至引起打冤家。族内男女因有悠久的传统观念，彼此禁止婚配，在行为上就表现一套正式的礼貌的关系了。

第三，倮倮择偶既须在同一阶级之内，又须在同一氏族之外，那么何等团体为最理想的婚配对象呢？按彝家婚例，嫁娶以姑舅之家最为适当，这也就是姑舅中表或是交错从表的联婚。按照罗氏风俗，如姑家有男，舅家有女，姑家可有优先权遣人说定舅家之女，舅家因此不敢嫁女于他家。反之，舅家之男对于姑家之女，亦有若是优先权。因是舅姑两家的儿女系互相的婚配的关系。彝家惯行交错从表的婚姻，可于亲属名词中找出许多明证。

男子因娶舅家之女，所以称岳父为舅父，称岳母为舅母。婿即外甥或姊妹的儿子。女子因嫁于姑家之子，称夫父为姑父，称夫母为姑母。

姑舅中表的婚姻不是单面的而是互相的。男子亦有娶姑家之女,因称岳父为姑父,岳母为姑母,若是婿即是妻兄弟的儿子。女子亦有嫁于舅家之子,所以称夫父母为舅父母。儿媳即是外甥女。

第六图表
交错从表婚姻与家族组构的关系

♂ 男
♀ 女
S 同胞 siblings
∥ 婚配 marriage

俚俚因为累代实行交错从表的联婚关系,岳婿翁媳就没有特殊的亲属称谓。婿媳两党由于妻党分化而来,妻党又由于母族分化而来。父母两族关系最密切,彼此系连续的联婚。今欲明了交错从表婚姻与家族组构的关系,特制上面一图,以窥究竟。

按上列图表为一四方柱形，平面三段代表三代，父子孙三辈，四角直线甲乙丙丁为世系相传，男子由父及子及孙，女子由母及女及女之女。第一代甲乙两男为两族，且各有一妹，甲之妹为丁嫁于乙为妻，乙之妹为丙嫁于甲为妻，是则甲乙两人互换其妹为配偶，到了第二代，甲乙之子女因交错从表优先婚姻的关系，又互相配偶，于是甲之子娶乙之女，乙之子娶甲之女。甲乙子女两方相对皆有两层的交错从表关系，甲子对乙女为姑表妹并舅表妹，乙女对甲子为姑表兄并舅表兄。到了第三代，又因交错从表互婚之故，关系形态回到第一代的方式。甲女之女即外孙女嫁于甲之孙，乙女之女嫁于乙之孙，各归本族。质言之，甲乙两族互相配偶，都是姑舅中表的婚姻。原则上交错从表婚配图可代代相传以至无穷。

倮倮的交错从表，因有优先婚姻的关系，彼此间对待态度，另成一种方式，与兄弟姊妹间的对待态度大不相同。姑舅表兄弟姊妹的关系，彼此间有婚配特权；因是表兄表妹可自由恋爱，彼此可调情嬉戏，也可发生性的关系。不似兄妹态度严正，绝无苟且的表示。因此知道习俗惯例如何影响个人行为态度的形成，如何规范人与人间的义务与责任。

第四，倮倮的优先择配只限于姑舅表兄弟姊妹。至于平行从表除本族之堂兄弟姊妹外，姨表兄弟姊妹也在禁婚之列。姨表禁婚与汉人婚例大有不同，或因倮倮亦重母系之故。姨母之子女，对待一如伯叔父之子女。姨表兄弟姊妹倮语也是称为 ma dzz gni mo，与兄弟姊妹的关系相等，当然一切对待态度亦相等。

今因易于明了起见，且把平辈的兄弟姊妹与各类的表兄弟姊妹合制一表，用以指明彼此间婚配或禁婚的关系。

第七图表
交错从表与平行从表婚姻关系

——— 优先婚配
—·—·— 禁止婚配

第五，倮倮有娶兄弟妇（levirate）的规例，那就是哥哥死了，弟娶兄嫂，或是弟弟死了，兄娶弟妇。此与汉俗大异，或与藏民兄弟共妻是同一的来源，或兄弟共妻的变态方式。倮倮的娶兄弟妇大有氏族拥有妇女的趋势，凡妇女入氏族之内，即不愿其改嫁他族，只能在族内转嫁，永为该族的属员。

娶兄弟妇谓之转房。转房以平辈兄弟为最适宜，无亲兄弟者堂兄弟亦可，由亲及疏，按例转嫁。转房之俗由来甚久，彝族到处实行，迄今不但同辈间有娶兄弟妇之举，即叔死侄娶婶母或侄死叔娶侄媳者在所多有。例如我们第二保头里区老穆之妻为恩札氏，母家住于恩札瓦西。恩札氏最初嫁入里区支老穆的堂叔为妻，生子名落铁，今已二十岁，为老穆的二从兄弟，比老穆少五岁。堂叔死时，落铁尚幼，恩札氏按兄终弟及之例，转嫁老穆亲叔父为妻，生一子，今十四岁，一女今八岁。四年前叔父逝世，老穆遂娶其叔婶恩札氏，又生一女。恩札氏前后已三嫁，皆在夫族内转房。名分地位亦以其夫为转移。子女名分则按父亲地位而定。落铁与老穆为同辈，继堂叔自有住宅。老穆亲叔之子女今寄食老穆之父约哈家。老穆成家之后自有住屋，自成家庭单位。

转房以平辈及叔侄辈占多数。凉山中父娶儿媳或子娶父妾，甚至祖纳孙媳者，亦有所闻，但作者此次考察未曾目击。

彝家人口甚稀，转房之俗或亦社会的功能，用以解决人口及性欲问题。从人口数字而论，妇女转嫁，可以增加生产，使氏族蕃衍。从性欲立场而论，妇女夫死不论几人皆可继续转房，男子妻死自可续弦，或娶外族少女，或纳族内寡妇，因是倮倮无论男女，一生皆有性的生活，遂无有鳏寡的存留。

第六，倮倮婚姻以一夫一妻制为普遍方式。一夫多妻间亦行

第五章 婚姻

之,惟极为少数,且限于彝目及富厚之家,至一妻多夫,社会名义上不许有此制的存在,但实际上因彝人对性的观念较松,暗中亦有实行者。尤其倮倮在少女时期,可以自由恋爱,自由性交,与青年男子特别是姑舅表兄弟,可以相互追逐嬉戏。关于此节以后当更详论。

一夫多妻往往因彝人首领对于政治上之野心,欲图从妻党背景以扩张势力。胡兴民即为一例。他以里区氏一支势力单薄,另娶吴奇氏用以联络吴奇支,便于增加自己的权力,提高自己的地位。彝人多妻,诸妻地位相等,彼此以姊妹相称,不论年龄,大妻必为姊,次妻为妹,诸妻住屋分居别产,不似汉人妻妾同处,地位悬殊。男子在娶次妻之前,先向大妻赔礼,赔礼之法必献牛羊,或赠马一匹亦可。妻兄弟亦必先说通,招待宴饮,征求同意,以免将来纠葛,发生打冤家等等的情事。

综观这些婚姻规例,不但支配倮倮性的生活,亲属与家族的组构,而且控制彝家日常行为,以及政治经济等活动。倮倮婚姻的重要与其他社会相等,视为人生大事之一。青年男女从恋爱至结婚,又从结婚到成立家庭,为生命中转变的一个重要阶段。

青年为性的发育期,无论男女皆蠢蠢欲动。但因各社会皆有传统习俗,男女行为必受控制。彝俗早婚,女子结婚年龄为奇数,以九、十一、十三、十五、十七、十九等为合宜。幼年蓄发,梳单辫垂脑后,结婚时改梳双辫盘于头上。因是单辫双辫为未婚已婚的分别记号。不过女子至十七岁尚未出嫁者,父母往往择日为之行分辫礼,杀羊豕敦请戚朋,是后表示女子成年,可有性之自由,不加干涉。

倮倮的青年男女,无论在森林草丛之中,或山涧田野之旁,皆可言情谈爱。只要不违反婚姻禁例,未婚男女可私自苟合。特别是姑舅表兄妹因有优先婚姻的权利,又因亲戚往来密切的关系,彼此自由恋爱,暧昧之事在所多有。

婚姻的起始系由父母择配,遣媒人说合,从前媒人多为白彝娃子。如果姑舅之家有女,说婚互易,因双方互有义务,不敢另与他族有约。择偶既定,媒人征女家同意,请笔母合算男女生克,以卜吉凶。如命宫不合,媒人不再往返说项。有时两家因亲戚关系,或贪女色,则不顾算命卜卦,力促婚事的成功。

男女两家同意婚事之后,由媒人往返接洽,议定财礼或聘金。聘金多寡恒视男家之财力而定。大约黑彝聘礼从五百两到七八百两银(按作者在雷波时每两生银值国币百六十元),甚至有多至千两者。白彝聘礼只一二百两银子,因其地位低微。至锅装娃子之女,随主人之女为陪嫁,不收财礼。

财礼议定之后,即行订婚。由男家遣媒并派人送礼至女家。此时只送聘金一部分,多半三分之一,礼银由媒人亲手交给女家家长,即女子的父兄。于是女家杀羊置酒,款待媒人及男家人员,攀谈过夜,明晨始别去。几日后,女家派人到男家回拜,不送礼物,男家亦须杀牲宴饮,招待过夜。

从订婚到结婚,中间相隔几月或几年,则视男家何时需要迎娶而定。迎娶之前男家请笔母择吉从事,并遣媒人到女家送信。女家派人来领聘金,此时或全部交清,或尚留一部到婚后交付。银子之外,牛马枪支等皆可折算以纳聘金。儸儸婚姻财礼至重,因是娶女后若夫死,则不愿其改嫁,只在族内转房,以免聘金利益的损失。

彝家迎娶之期,必在奇数月份,如五、七、九、十一等月为宜。迎娶之前二日,男家派选壮汉几人,亦以奇数为吉,到女家搬运嫁妆,嫁妆包括新娘的衣服首饰,裙子毡衣,以及项圈、手镯、耳环等。壮汉抵达女家,女家男女擒着他们,把黑烟颜色涂在壮汉脸上以为嬉戏。

迎娶前夕,男家又派壮汉数人或十余人,新郎之兄弟在内,到女家接亲。女家闻壮汉将临,男女相聚于门旁,待迎亲人马近门,储水泼之,壮汉等遂全身淋漓,大家引为笑谑。入门之后,又乘壮汉不备,以锅底黑烟涂抹其脸面,辣椒击擦其耳目,尽嬉戏愚弄之能事。是晚设席倾酒款待壮汉,宾主渐入欢洽之状。

翌晨为迎娶的正日,新娘准备束装。头上戴新鲜花帕,按彝俗幼年女子戴帕,必挽成三角袋,帕端结于脑后。成年女子戴帕,必耸帕端于耳前,或四角帕子整个覆在顶上,两角坠于前额左右,两角坠于后脑左右,宛似四片倒垂的花瓣。妇女生子之后,则不戴帕,换之以帽。新娘除帕之外,加上耳环首饰,领缀银扣,身着花边新衣,下系彩色花裙,外披新制毡衣,飘然一代佳人。

新娘束装完备,开始出行。男家壮汉及女家送亲的男女合队簇拥新娘抵达男家。事前男家已搭草棚于屋外,新娘被引入棚中,由女家送亲妇女与之行分辫礼,那就是头发单辫分为双辫,以示成人已嫁人之意。是日男家备酒杀牲,与女家送亲的男女,共同饮宴,主客欢乐歌舞,尽情而散。

在婚姻仪式之中,新郎似不居重要的地位。即迎娶之夜,新娘独宿,不与新郎共寝。黑彝婚姻,新娘必有随嫁白彝侍女,相与为伴。乌角胡里区氏长女,年才十一岁,其母已择两个侍女,日夕伴着女公子,将来出嫁,侍女亦必随往,以为嫁妆的一部,黑女嫁黑男,随嫁侍女则嫁于黑男的男娃,新娘在男家连宿三夜,皆与侍女另处一室,与新郎没有接触。

第四日回门,新郎新娘同赴岳家。途中夫妇不交言语。新婿献羊豕酒礼拜见岳父母,岳家则置酒款待。午后新郎独自归家,新娘仍留母家,谓之坐家。

坐家的时期无定,大约从一二年到三五年皆有。作者考察之时,常遇坐家的女郎。女子在坐家时代,可尽量享受放浪生活,父兄无不掩目听之。坐家之女的装束,和新娘一般,日夕与邻居青年男子或姑舅表兄弟追逐嬉戏,并有性的自由权。

坐家的时期,新郎亦可与新娘往来,实行恋爱。直至新娘怀孕时期,新郎才接新妇回父家,第一胎孩子往往不是新郎已出,但须承认其为子女。

新郎既知新娘怀胎,立即建造新屋,以迎新妇回家共住,因成婚之子不能与父母同住一屋。夫妇正式同居之后,岳家始把嫁女妆奁全部送来。倮倮不分男女皆有承继财产之权,所以女子妆奁系父母所给与的财产,包括现银、娃子、粮食、牛羊,甚至土地等等。

倮倮因婚姻关系,而有经济的基础得以建立家庭。男家父母为新夫妇建造住屋,女家父母陪送妆奁都是成立家庭所必要的经济条件。从此之后,夫妇过着家庭生活,男女在经济上通力合作,生男育女,共负为父母者的责任。

倮倮妇女虽系用金钱聘来,为买卖婚姻的一种方式,但在家庭中的地位与丈夫平等。小家庭的组织,既不与父母同住,就无婆媳的冲突问题。家中之事妻子却有全权支配,因丈夫多出外作政治联络与族间打冤家等等事宜,屋内凡分派娃子工作如耕种、牧畜、缝织、烹饪,并看顾孩子,存积食粮,修补工具等,无一不由主妇管理监督。

夫妇间的关系外表上系正式的,不苟言笑的。考察团保头里区打吉出外三月之久,归家见其妻恩札氏,当面不交一语,彼此宛似未曾见面一般,反不若其他弟兄姊妹,奔来寒暄谈笑,态度极为亲昵。但是族间人分散之后,打吉因长途跋涉劳苦,卧地假寝,恩札氏坐于锅装之旁,一面吸烟,一面滔滔而谈,颇似报告别后家中一切经过,打吉虽闭目,却亦静听,不时发言,类似安慰,又似批评。当时考察人员及翻译等亦皆四散,作者因旅行疲惫,坐地休息,故得机缘观察夫妇间的对话。

俚俚家庭因有充分经济的基础,日用衣食不足为忧,生活亦比较安定,夫妇往往融洽,安闲度日。但夫妇间亦有感情不睦,发生冲突者。丈夫并不敢虐待妻子或责打妻子,原因是妻子娘家有浓厚的背景。一旦妻子奔回诉苦,妻族必集族众,兴问罪之师,夫族若起而抵抗,即发生族与族间的冤家。妇女因有娘家支系的背景,她在家庭中的地位颇高。

妇女淫奔并不多见,若此事发生时,丈夫可要求岳家赔偿聘礼,岳家尽量寻找其女,劝归夫家。丈夫不悦其妻,或有外遇,或闹离婚,则妻家必责令丈夫赔礼。夫妇至不得已时亦有离异分居,经中人说项划分多少土地娃子,并其他财产,使妻子有独立的经济生活,双方同意即可分离。离异丈夫在世,妻子不得改嫁,族人亦不敢作转房的野心。

质言之,俚俚男女婚姻与家族氏族,却有密切的系联。夫妇结合并非按照男女本人的爱好,往往青年恋爱者而非终身的伴侣。婚姻为合两族之好,亦为两族合作的工具。同时因婚姻有经济的基础条件,家庭生活即可固定。婚姻更是两族合作契约,夫妇两方各有家族氏族的背景,因而在婚姻关系中,男女共享平等的地位。

第六章 经济

倮倮家族是日常经济活动主要的单位,家族经济的成立又系建筑在婚姻的基础之上。未婚男女在家族里是依赖着父母过活,自己没有独立的经济。结婚时期男家父母供给住屋土地,女家父母供给妆奁财产,使新婚夫妇先有物质的基础用以创立家庭。因是婚姻也是一种经济的机构,就中社会给与青年男女立下经济的基本条件,使夫妇能够通力合作,共营家族的经济生活。

普通从经济学的立场看来,经济组织分为生产、分配、消费各种历程分别的研讨。这种分类不能应用于初民社会,因为他们的经济问题与我们不同。倮倮物质文化已非原始最简单的状况,已不是狩猎捕鱼的时代,但是倮倮农牧的经济生活,也难加以分类分析。好比彝人家族拥有耕作园地,以园地所出的包谷荞麦等自制粑饼,以供家人的食粮,此中生产与消费的机构,将如何划分界限?再如送菩萨之时,为倮倮唯一分配肉食的机会,除了招待客人时的例外情形。那么肉食分配又与宗教巫术等发生密切的系联,我们又将如何划分彼此活动的界线?因是从社会学的观点看来,那里只有一个经济的历程,这历程的两面:即为攫取物质产物和利用物质产物。经济功能实包括许多社会的意义,这功能并不限于财富的生产与消费。所以我们欲知彝家的经济机构,绝不能严格的划分出来许多经济的历程。

无论社会多么简单,经济机构的基础,莫不建筑于分工之上,那就是个人在社群中有特殊的工作。即在渔猎社会,男女分工是很普通的事实,男子从事行猎,女子在家烹饪或到附近采集果实。农牧社会的男女分工,反不若渔猎社会的严明。有时男子负农耕全责,如柏葡萝印第安人(Pueblo Indians)。有时女子负农耕全责,如非洲巴逊格族人(Bathonga)。菲律宾的叶弗哥(Ifugao)人,男子专治种植收获,女子专治刈草并修整园务。倮倮农务则男女一切合力,并肩耕作,但有些工作仍是划分,好比巫术祈雨由男子包办,笔母率领行事,烹饪取水为女子任务,只不得已时男子代劳。他如与经济生活发生间接关系的战争、劫夺、盗窃等等,那都是男子的专业。

性别分工之外,在倮倮社会里,就有阶级的分工。阶级分工原非直接与经济有关,那就是说,倮倮并非因经济生活的不同,或职业生产的不同而划分阶级。倮倮黑彝贵族之拥有土地并统治势力,与白彝奴隶之专司劳作,实系阶级划分的结果。

农业耕种,无论是旱地的包谷与水田的稻米,全部都是白彝包办,黑彝从来不去参加。牧畜虽然也是白彝的任务,但黑彝常常自己关照。考察团在黄茅岗之日,就碰见黑彝阿耆失觉和他的一个白彝娃子,赶着一群羊子,约二三十只。失觉是考察团翻译王举嵩的恩人,经介绍之后,与我们数日同行,盘桓谈笑,很是熟识,因是作者得有机会观察失觉牧羊的生活,又知黑彝自己牧羊,不像耕种一般视为下贱工作。再则每年在剪羊毛的时候,黑彝往往参与工作,特别在黄茅岗的羊毛会,黑彝居主动的地位。

倮倮轻视农业使作者感觉到牧畜系黑彝原有的经济活动,彝人原来为牧畜的民族。黑彝侵略白彝之后,或是掳掠汉人为娃子之后,奴使被侵略的民族劳作耕种。白彝多系汉娃,居住彝地年代长久,不自知祖始而沦为彝人者。此节将在下面阶级一章详细讨论。这里只标明㑩㑩对农牧观感的不同,或系因于黑白彝原来经济生活的互异,又或因于侵略与被侵略的关系。

时至今日,农业最为普遍,黑彝虽不耕种,然白彝人口居全数十分之八九,皆从事农业。黑白彝日常食粮无不依赖农作出产品。质言之,农业为㑩㑩主要的经济生活,但其土地制度与农业活动自成一种方式。

在㑩㑩村落之中,所有耕种土地原系黑彝的财产。黑彝因支系分家之故,或是结婚子女自成经济单位,或是父祖死亡遗传土地于诸子,于是黑彝各家就有各家的土地范围。质言之,土地的拥有权是以家族为单位。此就农业生产的土地而言,与扩大的村落的土地范围不同,因后者领域没有明显的界限。村落的领域包括住屋,住屋四周的田园,园外的牧场,甚至森林山涧河流等等。实则只是住屋与田园为各家族所拥有的土地,村外牧场森林等都是全村人民公有,人人皆有利用的权利。甚至村外其他人民,除非与本村本族系冤家世仇,皆可利用公共的牧场。㑩㑩支系多有冤家,特别邻村邻族结仇结冤者,所在皆是。冤家不许入境,因越入敌人境界偶被发觉,不遭毒杀必为俘虏。因是村落的领域虽无明显界限,但是隔村仇视,当中必有边缘地带为两村人民所不敢逾越者。此种界线颇有部族政治范围的意义,自不能与家族拥有的农田园地同日而语。

黑彝奴使锅装娃子从事耕作,但娃子数目增加之时,因住屋地方狭小,则派遣长久忠实的家娃,别建住屋自立单位,由家主赐赠多寡田园或另租耕种土地,藉以供给一家的需要。久而久之,经济上渐渐脱离家主的羁勒，自拥园地，经营家计。因是近代倮倮村落中有许多白彝自立门户，除受黑彝统治保护与负担其他的责任义务外，却拥有独立的经济生活。汉化彝民称此等白彝为"百姓"，实则"百姓"仍系奴隶，不过地位稍比锅装娃子为佳而已。

倮倮耕作园地，没有测量的单位，常云几块地或几股地，却没有正确的亩数概念，因是彝家耕作的面积难以估计。但以一块地下种数字或收获数字为标准，亦可测知土地概数。今就大宗农产品的包谷而言，大抵每人耕种能力，每年下种至少六升，至多两斗，斗升的衡量皆从汉地输入。若以六升谷种为估计基础，收获之时可得四十市斗。在川南一带普通每市亩土地约产十五市斗余，四十斗合二亩半产量，这即是在倮倮区中每个人最低限度耕种的亩数。

黑彝的土地都是锅装娃子代其农作，出产物整个归家主所有，即娃子本身亦为财产的一部。若有剩余土地，可租给土地不足自给的白彝百姓，以出产一半为租金归还黑彝地主，一半白彝佃农自得。有时土地肥沃，地主租收六成产物，那就是出产十分之六归地主，十分之四归佃农，若与封建时代的农业制度比较，很有仿佛相似之点。黑彝可比地主，锅装娃子似农奴，百姓娃子似佃农。所谓百姓经济上虽可独立，但尚有其他的缚束，地位并非自由。黑彝家户农忙之时，家主可命百姓每家派一人前来帮工，辅助锅装娃子耕种与收获。帮工时百姓没有工资，没有报酬，是一种义务工作，至多在工作时期之内，黑彝家主供给餐饭。

倮倮农业以包谷荞麦为大宗。水田稻米只限于彝车河与美姑河一带，产量比率很低，且都是汉娃的工作，原非倮民固有的文化。换言之，倮倮农业仍限于旱地播种，其来源虽不得而知，但农产为彝家主要的食粮，绝无可疑。

包谷种植的生活为彝民对于自然环境和气候适应的一种方式。春暮气候暖和的时节,彝人开始播种,阴历三月间种于高山斜坡之上,四月间则种于平原地带。播种之前,挖成小穴点,每点种入六七粒到十余粒的谷子,用泥土包好埋入土中。七八日之后种子出芽,查察种芽的优劣,留下两根,拔掉多余的芽根,但有不足两根者即行补上。过了一个月,刈草工作即行开始,男女并肩整顿园地。污草扫除之后,加上肥料,大凉山用牛羊干粪,小凉山用青粪。二三个月之后,谷秆长成,刈草加粪的工作也就停止。是后随时查察园地,不让野兽畜的踩躏,防御冤家仇人的侵略烧毁。最主要的尚赖天时气候,需要随时下雨,旱年须请笔母作法祈雨,助长包谷的生产。八月间谷实成熟,准备收获,男女各背竹筐,在园中按着次序折下谷实放入筐中,归家晒干之后,取下细粒,即存积于主人的卧室。每日把若干谷粒磨成细粉,用制包谷粑,以为主要的粮食。

包谷收成之后,谷秆尚可砍掉以为屋内燃料,谷根则置之不理,自行腐烂。比较良好的种谷园地,稍加整顿,可种豌豆葫豆,亦种麦子。过了一冬,明年三月间即可收获,豆与麦皆连根拔起,这时包谷根皆已腐烂,男女荷锄到园地中锄草松土,又作种谷的准备。

村落远近的田园,因土地肥美,多种包谷。山坡之上则种荞麦,亦为彝家重要的食粮,特别在大凉山中,荞麦产量比包谷有过之而无不及。荞麦有甜荞苦荞两种,甜荞不甜,苦荞味苦,皆难入口。荞麦下种之区,原为林木丛生之地,用火烧之使成灰烬,然后应用牛犁,土地松散,即可下种。荞麦每年有两季的收获:第一季春间二月撒种,撒种之后再用牛犁,遂置之不问,等待四五月间收获。第二季七月间下种,九月间收割。数年之后,土地贫瘠,因弃旧地,别烧山坡林木,以作新种麦园,这种农作系原始农业方式,亦即志书上所记载的火耕之法。

农产尚有燕麦、洋芋、青菜、萝卜等类,各有耕种收获的季节。这些产物以燕麦最为贵重,彝人常磨之成粉,旅行时以麦粉调水而食。洋芋产量较多,日常饮食亦有用之佐餐。

倮倮农产只求自足自给,一年出品够得一年的需要,已是心满意足。因此彝民耕种并不努力,农园不求增垦,耕作技艺也不求改进。凉山大好土地,多系一片荒野的区域。

彝人每家都有耕作的园地,这是他们基本的财产。黑彝家户格外拥有畜群,这才是富裕的表现。白彝富者亦可牧畜。家畜以羊为大宗,分绵羊山羊二类,皆别遣锅装娃子从事游牧,羊栏或在住屋围墙之内,或在墙外另建栅栏。春夏天暖,更于村外山坡上别立圆形竹栅以安置羊群,由娃子日夕看顾。喂草之外,月喂盐水两三次,使羊毛加速成长。绵羊之毛剪下作为毡衣毯衣的原料。年剪三次,三月间与十月间在村中行剪,尤以三月之毛最为良好。七月间天气炎热,各村人民驱羊至黄茅岗,半以避暑,半以行剪。这时各族各村聚会一处,剪毛之余交相宴饮嬉戏,互换食品礼物,买卖贸易,社交谈笑,极一时之盛,俗称之为羊毛会。

畜豕亦成群,至多十余只,由女娃驱牧,但不若畜羊之盛。杀豕时剪下头上毛发,谓之猪鬃,可运往汉地出卖。

彝人畜黄牛,其群有多至数十条。放牧之法亦早晨驱出村外牧场,晚间归栏。黄牛可用为犁地耕作,贵重过于羊豕。彝人不用牛乳,但食牛肉,杀牛为大礼节。

马为黑彝所专有,但不成群。黑彝用为骑坐行猎,嬉戏赛跑。

马为最贵重的牲畜,不食其肉。

牛、马、豕、羊系彝人重要的家畜,而为有经济价值的财产。除马之外,牛羊豕皆可用为肉食。彝家平日饮食只有谷物菜蔬。至于食肉则另有分配的机构。一年之中有各种节期,诸如羊毛会、新年、送菩萨等节,皆必杀牲祭祀,然后家人分享祭物。再如婚庆丧葬诸礼,亦必分赠肉食,共相宴饮。如遇疾病、送鬼、旱年、祈雨之时,一方面固因生活上起变化,用巫术以安定人民的心理,另一方面杀牲献祭,族人集聚,共享肉食大餐。从实际的眼光而论,这些节期宴会都是社会传统的机构,使人民得有分配食肉的机会。

彝家的经济生活自以农牧为主。惟在山野森林之中,藏有虎豹鹿獐,青年彝人亦偶有结队行猎之举。行前占卜,以问吉凶,得兽则共同享食。

工业方面,建造房屋为大工程。先由事主集合族人邻居,择日兴工,筑土墙,架木板,修屋顶,建碉堡,为彝家合力工作的表现。他如制造披风首饰,家具农具,木器竹篓等,皆出一二人之手,只供给家庭的需要而已。

住屋园地一类不动产都是父子相继,不作商业交易货物。牲畜、农产、衣饰、用具等在倮倮社区中很有相当的流动性。汉人娃子更是交易上一个重要货物。按倮倮原来风气,不尚交易商业,款待客人最是殷勤。迄今凡是倮民,只要不是本族冤家,到处可以得到寄宿与食粮,不费分文。招待生人成为惯例,主人无法拒绝。每年小凉山的彝人必去大凉山游历一次,或访同支族人,或访戚友,但路中经过之区可随便寄宿,主人必须招待。无论何等食物,主客分食,不能独享。吝啬之人为社会所鄙视,习俗所不许。

习俗风气对于款待客人极为普遍,有时不喜生客,亦不能不略为周旋，以应付习俗的要求。否则生客愤怒或有不利的举动，甚至亦可引起打冤家斗争。又如倮民不能在人前独享食物，必须分让分享，为社会通行的礼仪。但此俗过分实行，成为强制势力，人民反觉不便。记得考察团入山抵达丁家坪，在黑彝丁有客家寄住之日，保头打吉有背酒娃子一人，避居山中，询之翻译，始悉如酒彝到丁家，必须公开分饮，那就不能运到三河以达。

此种招待风气，大有礼相往来之意。凉山区域一片荒野，人口稀少，没有近代旅馆茶店的设备，行旅自感困难，村民招待生人以便行旅，他日村民出外也一样的接受别支别村的招待。因知款待客人，和许多初民社会一般，是一种社会机构用以适应特殊的环境。前章论婚姻，我们已看到男女两家交换礼物方式，为一种经济上的交易。平日友朋亲属往来，亦互有馈赠，藉以调匀社会上产物用具的分配。考察团在凉山中，除少数贫困白彝之家，要求白银交换食物外，多数彝人皆按其本意备办款待的食物，或杀牛羊鸡豕，或煮包谷洋芋，视其家庭经济富裕与否而定。本团大约计算家主招待所消耗数额，然后斟酌赠以布匹、食盐、剪子、镜子、针线等类礼物。

彝家财物的分配，原以款待生人，互赠礼物为原则；但与汉人接触往来，交易制度渐渐引入。交易媒介的彝币，衡量以两以锭，亦系旧时汉制，今已深入倮倮社会，沿用未曾稍弛。影响所及，彝币在边地颇有势力，屏山秉彝场虽已东出彝区，但银币尚在此间通行。

彝人到汉城市镇购买货物，以盐、酒、布匹、以及其他日用品为大宗。雷波与屏边西宁都是彝汉交易的重镇，彝人不断的往来。恩札十二支系以马边及西宁为贩卖货物地点，阿洛阿着以及内九家熟彝多向雷波集中贸易。

　　近年来因彝地非边区县府能力所能控制,彝人从事种植鸦片。鸦片运来汉地,得利甚丰,所以彝民经济状况皆在普通汉人之上。彝人以鸦片收入换取汉地的枪支及白银。先是民国初年杨春芳驻兵雷波之时,卖枪于彝得厚利,此后枪械就不断的流入凉山,现在大约每户平均得一支枪。汉地流氓因政府禁用银币,又暗地搜集生银向凉山运输,以卜厚利。从倮倮的立场而论,鸦片一项已足换取白银枪械以及日用品等类货物。

　　倮倮种植鸦片,必择肥沃园地。鸦片增加,则农产减少,田园因种鸦片之故,亦渐变为贫瘠。彝地因人工缺乏,则从边地掳掠汉人为娃子,以作大规模的鸦片种植。同时鸦片种植与收割都有一定节期,在此期间从边地运入大批汉工,事毕又送汉工出彝境。作者在麻柳塘茶店遇一老者,年约五十,谈话中得悉民国三十二年三月间,老者曾同八十余汉工,受着黑彝保头的担保,荷枪护送进入彝区,在马颈子北部一带,收割鸦片。工资则以收割数量为标准,每割鸦片八两,抽出一两为工资。老者每日割二十两,可得工资鸦片二两半。事后运鸦片到汉地销售。该年三月间彝地鸦片的价格,一锭银购三两鸦片,那时银币一锭值国币千元。鸦片运至汉地,每两值六百元,三两共计一千八百元,得利约双倍。因是边地流氓不顾性命,时常往返彝区,贩运鸦片。考察团在凉山中有许多彝民误认为鸦片贩客,可见彝汉鸦片交易的普遍。

　　娃子为倮倮财产之一部,可用为交易货物,有公开的价格。此类娃子多为新从汉地掳掠而入的汉娃。倮倮掳掠捆杀汉人,在边区为普遍现象。雷、马、屏、峨四县边境皆屡有所闻,尤以雷波境内为最盛。作者所经之区,西宁南部,屏雷交界之蛮溪口、黄螂箐口间之五子坡，以及雷波城郊附近，都是彝匪出没的主要地带。彝人结队，无论日夜，见少数汉人行路，即从草丛中击杀出来，枪毙一二人以示威，然后掳去其他行客并财货。雷波近郊多系夜间前来袭击，破户而入之后，即掳去全家男女，并劫夺财物或放火烧屋。城内军民闻声亦莫敢响应。汉民因入彝地贸易如贩卖鸦片，请黑彝为保头，亦有中途彝人叛变，掳去保民为娃，谓之反保。边区垦民，因垦殖关系移向荒地开殖，亦请黑彝为保头，有时彝人反叛，则大规模的掳去汉娃，数目多者恒至数百人，贩入彝地转卖各方。

倮民惯例，掳掠而来的娃子财物，即为自己财产。若黑白彝同道掳掠娃子和财物，黑彝抢得全归己有，白彝抢得须分给黑彝。劫来财物自己保存或变卖，但掳得汉娃必须卖出，辗转三四手，然后方留下为家娃，因防汉娃一旦逃至汉地，指认掳掠之人，则须入官抵罪。娃子价格的高低，男女没有分别，年龄很有关系，年幼者价贱因尚未达工作时期，年老者亦价贱因力衰不能工作，所以青年及壮年人价值最高，普通从五十两到一百两不等。汉娃若从彝赎出，价格稍高，多有超出百两者。

彝民不但从汉地掳掠人娃财物，亦从冤家仇人处劫夺财货。彝例冤家结怨，累代报复，彼此仇杀。黑彝被冤家擒去必杀，因黑彝贵族不得奴使。白彝百姓被擒即可奴使之为娃子，亦可变卖。冤家的财物可夺之以为己有。所以打冤家亦为彝人获得财产的一个方法。

一切财产，包括不动产，动产货物，以及人娃。这些财产，皆为家族所有，可以代代相传。继承之法，住屋传给幼子，因女子出嫁，他子结婚之后自立住屋，惟幼子与父母同居，承受住处。其他财产男女皆有继承之权，多半田园土地由男子分袭，因女子出嫁外村，难于利用。银钱财物,枪支牲畜,以及男女娃子,则视子女多寡平均分派。男娃分给男子,女娃分给女子,未成数者可出银购买,以便分配。

　　财产继承多在父母死亡之后实行。一切祖传遗产由族内亲属及舅父姑丈等共同判断,诸子女平均分派。未婚子女则各人另外安排一项财产,不计分产之内。亦有父母生前,已分派安排,子女则遵循遗命。三河以达村北有白彝某,颇为富有,年前死亡,遗两子一女,皆长大成人,女亦出嫁。老人最爱其女,在病榻上暗嘱其女于屋内三块地方掘下可得三瓮银子,老人死后,两子各得一瓮白银,亦遵父命于所嘱地方发掘出来。女子按照父嘱,发掘两瓮,第三处掘下未有所得,遂央笔母决算发掘,又空无所有,不得已明告长兄,其兄要求以所得白银平分,则出力协助,妹子不允,直至考察团离山之日,此事尚未解决。由于这个例证,亦可稍知彝家财产继承之一斑。

第七章 阶级

伥伥有阶级制度,为其社会特点之一。彝人社会分为三级,那就是黑彝、白彝与汉娃。黑白彝分别甚严,彼此之间无流动可能性。白彝原从汉娃升格转变而来,在彝中历代年久,彝人已接纳其为同类。汉娃中新从汉地掳来的奴隶,所居地位最低,为黑白彝所轻视。但汉娃在彝中经过数代,生活方式全部彝化之后,渐与白彝通婚,就取得白彝的地位,是则白彝与汉娃虽暂时分别,但因流动关系,彼此之间就没有严格的界限。

黑彝贵族为彝中统治阶级,也是真正的伥伥氏族。按作者测量观察的结果,黑彝为蒙古种人种(Mongoloid),许多体质特征与汉人相似,诸如体高,毛发鲜少而色黑,棕色眼睛,头面轮廓等,尤其蒙古眼褶系十足蒙古种的表现。以前西方学者从简陋的旅行观察,云伥伥为高加索种(Caucasians),其说至为误谬。黑彝头形指数为中头型,亦非长头型。但是黑彝有几个特点与汉人稍异,诸如皮层黯黑,鼻多钩形,耳叶特大之类,这不外表示原始氏族因与中原隔离,未与外间婚配,自成团体,维持原始的体质特征而已。质言之,黑彝为原来团体,侵占今日彝区,奴使掳掠邻近人民以为娃子,自居统治的地位。

黑彝贵族有权势特大者,在明清时代,封之为土司土目,用以维系彝人,不作反叛杀掠之谋。土司受汉封之后,即可世袭,清末雷波区在黄螂有国土司,天姑密有安土司,雷城有杨土司。国姓已绝后,安家尚有二女子,杨家一女即黛娣。民国以还,实行改土,土司又绝嗣零落,彝人不受约束,土司制度实已荡然无存。土目为已往彝兵头目,或为土司的亲属,土司衰弱之后,土目名词也就滥用,稍有势力的黑彝遂自居土目地位。例如乌角胡兴民民初入雷波团练,颇受汉化,胡氏族人拥之为首领,彝汉人民皆呼之为土舍。乌角近于汉城,名目沿用,在凉山中实无土司土舍等类。黑彝之有权势者,汉人称之为保头,彝人则称之为"硬都都"而已。

今日黑彝只有一个阶级,为凉山中的统治势力。大约黑彝每户平均有白彝十户。即以彝车河里区族支为例,巴铺五十户中有黑彝五户,三河以达三十三户中有黑彝九户,以鲁三十一户全为白彝,合计黑彝十四户,白彝一百户。但是里区支有若干百姓娃子散住葡千,阿谷、谷烹一带者尚未计入。因知每户黑彝,约有直属白彝娃子十家。此就平均数字而言,实际上黑彝权势大者百姓多来归附,权势薄弱者,娃子数字亦必减少。

黑彝白彝分别高低,绝无平等之可言。黑彝拥有土地牲畜,自居地主地位。锅装娃子为其奴隶,耕牧劳作,服侍主人,即身体亦为主人财产的一部,可以随时变卖转让。作者在西宁村考察之时,适逢马边恩札支有某黑彝,在屏边与另一黑彝赌博,恩札彝人大败,白银付清,尚欠债甚多,立命其随身的锅装娃子追随赌博得胜的黑彝。娃子多年服侍家主,颇有感情,不愿另属他人,大哭抗命。恩札黑彝追其娃子到西宁河边,在愤怒之下,以大石投击,幸未命中。此为众目共睹之事,亦可略表黑白彝关系之一班。

锅装娃子可变卖转让,女娃则随黑女为陪嫁。父母死亡之后,或子女承继财产之时,娃子及其子女亦必平均分配,男子承继男娃,女子承继女娃。娃子人数有时不匀,但可出银购买或变换,以求达到儿女平均分配娃子的原则。

黑彝对锅装娃子大有生杀予夺之权,惟对百姓娃子情形稍为不同。百姓娃子为村内祖传的良民,自有独立的住屋、土地与财产。大凉山中百姓娃子死亡无嗣,或无近亲,黑彝主子可没收其财产田地。但彝例不能变卖百姓娃子,是则百姓娃子比锅装娃子的地位为高。不过遇打冤家的时候,百姓娃子被掳去者,又变为他族的锅装娃子。有时百姓娃子贫至无立锥之地,黑彝主人亦无接济之例,但可收之为锅装娃子。因是百姓娃子与锅装娃子,其间的流动性颇大。流动方式为两面互相的,不但百姓娃子可降为锅装娃子,即锅装娃子渐得主人信任之后,可升格而为百姓娃子。

到了百姓娃子的地位,经济上取得独立,但一切举动仍须听命于黑彝主人。若有抗命或得罪黑彝,必受责打,甚至枪杀。白彝自有土地田园,可力求发展,积聚财富。若田地不足,可从黑彝处租来若干块地,收获平分或四六分,是谓纳租,关系略似地主与佃农。实则白彝对黑彝尚有许多经济上应尽的义务,主人家农耕繁忙,或建屋营造,可随时征召白彝工作,只供饮食,没有报酬。打冤家之时,召集壮丁,白彝又须出征御侮。冤家和议赔款,百姓共负赔偿的责任,分派多寡,则视家道贫富为定。每逢年节,百姓每家敬献主人酒一壶,猪头半边,以为拜年之礼。他如主家婚丧火葬,白彝皆必献酒礼,娶妇献猪一只,嫁女送礼物外,又派白银若干,以为女子私房,丧葬则牵牛羊献祭,做道场必送酒,从二十斤到百斤不等。此外,主人家需要经济上协助,或款待客人,或临时动用,百姓皆有担负派分的责任。

黑白彝在社会上的地位,贵贱的分别,从日常生活行动态度中都可窥察出来,家居黑彝男女皆可出令,白彝一切听命,或操作,或奔走。餐饭饮食之时,白彝必先献黑彝家主,然后始敢自食。且食时在锅装旁边主奴有地位方向的规定,不能超越犯例。睡眠主人居屋左或锅装左边,白彝奴娃居屋右石磨旁边,或锅装下边。衣服除主妇或黑女裙长曳地以示尊贵外,却没有其他的分别。凡此皆社会已成的规例,用以区分黑白彝的贵贱。

黑彝出行,无论男女,皆有白彝追随,锅装娃子百姓娃子皆可。如果远行,多召百姓娃子为随从,因锅装娃子忙于劳作之故。行路时黑彝空手或执枪,白彝随从一二人或四五人不等,为主人荷枪持械,背负行装银物以及食粮。主人要吸烟,娃子送上石制竹柄的烟斗,装上烟丝,然后燃火,以便主人吹吸。引火沿用铁击燧石,并以一种干草制成细丝,燃烧传火。主人口渴,奴娃从行装中取出木碗到远处取水送上。一路上主人行止栖息,白彝莫不紧紧追随。此乃作者出入凉山在途中常见不鲜的事情。

黑白彝在衣饰上,诸如"天菩萨"、耳环、毡衣、宽裤之类,皆系相同。体质面貌亦无重要特征,可作明显的分别,但在行为态度方面略作观察,即知谁为黑彝,谁为白彝。黑彝往往目光耿耿,嘴角下垂,状极骄傲,遇事蠢进,大有不屈不挠的精神。白彝态度则反是,谦恭受命,事主惟谨,与外人往来表示粗暴强悍,但一见黑彝无论属于何支何族,莫不低头驯服。这种态度只就一般而言。黑彝中孱弱者与白彝中倔强者亦皆有之。

黑白彝系整个上下阶级的关系。若分别而言,在经济上是主奴的关系,在社会上是贵贱的关系,在政治上是统治者与被统治者的关系。实则黑彝治理白彝,并不严厉,亦不虐待。彼此阶级不同,身份不同,惟在物质上享受则相同。黑彝到白彝家,白彝固应尊之上座，尽情招待，白彝到黑彝家，黑彝亦应供给食宿，以免冻馁。平日黑彝家所有粮食，都是大家分享，主子无论有何新鲜食品，必分赠诸娃，即小娃子亦不向隅。节期或婚嫁之时，杀牲会宴，共享肉食，并倾酒相贺。家主款客大方，厚待娃子，远近传名，归附的百姓亦渐加多。

黑彝优待奴娃，不限于食物方面。锅装娃子的衣服首饰皆仰赖家主的供给。客人送礼给家主，亦必送给奴娃，否则娃子虽不敢发言，主人主妇不悦之意形于颜色。考察团在凉山旅行，所经寄宿之家，必备两份礼仪，一送家主，一赠娃子，以迎合彝人的习俗。

黑彝爱护白彝奴娃，在物质上的表现尚为不足，在心理上的收效至为重大。白彝娃子若有困难问题产生，主人必极力谋解决的方法，充分表示娃子事情自己应当负责，使白彝坦心服从，所以凉山迄今未闻白彝对黑彝叛变的事情。考察团未入凉山之前，已聘定里区打吉为保头，打吉命其娃子二人，在雷城苏行购买羊只，准备动身，不幸苏行误指羊只在城东，二娃子于黄昏中奔去，东门汉人误认蛮子前来掳掠，集众举拳乱打，二娃子皆受重伤，打吉因此不愿率领考察团启行，要留雷交涉，致令我等延误三日。办理彝务的王雨菴先生自顾负责交涉，医愈娃子安全返家，并力劝打吉率同考察团先行。打吉回答云："我带娃子从凉山来雷，若不带领他们回去，他们母亲问我要人，我有何辞相对？"语虽简短，其爱护娃子并负责之心溢于言表。

白彝娃子生命财产的安全，亦全归黑彝负责。白彝家屋若受攻击，黑彝必集众御侮。氏族与氏族之间，往往因白彝娃子的关系，引起打冤家，发生冲突仇杀。或因甲族娃子逃至乙族，但乙族扣留不交还，或因乙族娃子被甲族人员欺骗殴打，或因两族间的娃子发生其他纠葛,诸如此类之事,皆足引起两氏族的械斗。质言之,每族黑彝首领,皆以保护该族白彝百姓以及锅装娃子为自己的责任。

同时黑彝需要白彝的爱戴拥护,使全族能够团结一致,对外则企图发展势力。因白彝人多,公意至为重要,影响所及,能够左右黑彝首领地位的起落,势力的兴衰。是则黑白彝阶级的关系是互相的,不是片面的。黑彝对白彝有一套的义务与责任,白彝对黑彝亦然。

偻偻白彝自成一个阶级,上有黑彝贵族,下有低贱的汉娃。白彝与黑彝的关系已如上述,白彝与白彝间的关系如何,白彝与汉娃的关系又如何,尚待详细的讨论。

白彝在黑彝统治之下为劳动的阶级,原是各族黑彝的锅装娃子。锅装娃子有升格之例,可以转变而为百姓娃子。升格之例不能应用金钱财产去赎身体的自由,乃是为主人忠实服役,至时间长久,得家主的信任,由家主赐与土地自立门户,然后渐入百姓娃子的地位。升格并非一旦之事,往往须经过相当期间,或延至数代。里区打吉家有胡姓娃子,系民国八年山稜岗之役被掳入山,服侍主人已有二十余年,颇得家主信任,为之娶妻生子,今在打吉屋旁另建小屋一所,自己亦耕种一块土地。但胡娃日常仍须到打吉家服役,帮忙处理一切事宜。考察团在三河以达时,打吉虽有锅装娃子多人,但胡娃曾为打吉杀羊剥皮,烧火煮菜,并受打吉之命,率领作者到山后观察等事,实则胡娃尚未取得百姓的地位。半因胡系汉人,非传至子孙至不认汉祖之时,却不能成为百姓娃子。

锅装娃子与百姓娃子的升降流动,已表示其地位相差无几。今日凉山中以百姓娃子占绝对多数,大约黑彝居十分之一,汉娃十之二三，余数全为白彝。白彝百姓历代年久，亦自有姓氏支系。好比谷烹与葡萄以打一带，有白彝车比支，人口繁衍，势力颇盛。以鲁以西有白彝苏甲支亦颇发达。雷西乌角黑彝胡兴民治下有白彝杜、蔡、杨、白诸姓。白彝因有姓氏，亦行族外婚制，亲属关系与黑彝同，他如衣食住行，习俗惯例等，皆毫无差异。

不同黑彝治下的白彝，彼此亦有因事冲突，发生打冤家的举动，至事情扩大之时，亦可引起黑彝两族间的械斗。同一黑彝氏族内的白彝，因事冲突纠纷，多由黑彝出任调解，事后白彝须献牲畜酬谢。

在一氏族村落之中，因有黑彝首领，白彝生命财产的安全有人负责，可悉心服侍一主。但白彝有居于村外或居于两族之间，或居偏僻地带，则须服侍二族或二族以上的黑彝首领，始能安闲度日，不受侵害。此等白彝百姓在原主之外，又拜他支黑彝为家主，以求保护。晋拜新主之法，持酒一壶猪脑半边为进谒礼，自认为其百姓，每逢年节又敬献酒食，当然一切百姓的义务皆应担负。谷烹的车比白彝原为吴奇支百姓，但亦多兼事里区支保头，拉里沟为凉山出入要冲，又为各族必经之道，居民分子复杂，不是一个单纯的氏族村落，此间百姓多同时附属有力的各支黑彝，用保地方上的安全。由此可知族支间以及黑白彝间的关系，并非单纯，都有确切的界线，实是复杂错综而有区域上不同的发展。

汉娃在彝地中又自成一级，居最卑的位置。黑彝家的白彝锅装娃子为数甚少，多数实系汉娃。白彝不能奴使白彝，但可捆掳或购买汉人以为奴娃，俗称三滩娃子。白彝只为黑彝奴娃，汉人又为白彝奴隶，汉娃所居地位的低微由此可见。

汉娃的来源都是彝人从汉地边区掳掠而来。掳掠之法有时半路埋伏,劫捆行人,有时夜半结队攻击汉村,有时冤家决斗俘虏对方,甚至汉人或因贸易买卖,或因开垦种植向彝家投保,中途彝人反保掳为奴娃者,亦所在多有。民国二十九年四月间,在雷属蛮溪口有某垦社垦民二百余人同时被掳入山,中有刘氏兄弟为中学毕业生,因到垦区访友亦被牵连。叛彝首领为大谷堆吼普支黑彝月桃。当时垦社负责人廖某闻讯赶至,即时亦擒石图支首领椒花,因石图与吼普两支友善,廖君意留椒花为质以待赎回垦民。彝汉两方遂起交涉,廖带士兵百余名分布于山上,对山彝兵亦有百余人,廖君率同翻译与月桃在山谷间磋商和议条件。正商议间,忽闻枪声,彝汉两方开战,廖君、月桃各自分散,奔回本阵。原来椒花在汉阵中欲图脱逃,士兵开枪击射,椒花立即毙命,因引起对战,和议不成,二百余垦民一概掳去凉山,变卖分散各方,沦为彝人娃子,刘氏兄弟亦不知下落。

汉娃在彝地中,无论为黑彝的娃子,或为白彝的娃子,主奴关系一如黑彝家主与锅装娃子的关系一般。汉娃为财产的一部,家主可尽量剥削其劳力,又可随时转卖于他家他族。汉娃卖价的高低,则视其年龄、性别与体力如何而定。年青力壮之人无论男女价格皆甚高,孩提老弱之辈率价稍贱。初掳至彝地的汉娃,辗转变卖,经过几手,家主始敢收留。往往雷地的汉娃,卖到西康方面,昭觉一带的汉娃,又送到雷、马、屏、峨区域,用以避免娃子的脱逃。

凉山汉娃甚多,无论黑白彝家至少皆有一二人。汉娃入山之后,甚难脱离虎口,因四围都是彝家,纵使可从一村一族逃至他村他族,因语言及形迹关系,一被觉察,又必沦为他家他村的娃子。因是被掳去的汉娃百人中无有一二逃回者,作者所经凉山之区,遇见汉娃不下百余人,皆衣服褴褛,到处操作。有新入山的汉娃,不堪痛苦,见考察团人员,则流泪满面,泣不成声,亦有暗中送信央求脱离虎口之法。

彝人对付汉娃,初来者加倍虐待,终日操劳,衣食不足,视人娃不若牛马。汉娃男子必须留上"天菩萨",女子留着发辫,男子皆身着破烂彝服,外表看来已十足彝化。但语言方面,非久居彝地,不易立刻学成。经过相当时日,大约几年之后,家主见男子汉娃已实心驯服,则购得女子汉娃为之婚配。汉娃与汉娃联婚,因白彝亦轻视汉人,彼此不相嫁娶。汉娃成家,生男育女,子女为主人当然的奴娃,此种身分生来即定。如得家主欢心,三四代之后可别立门户,自成家庭单位,此时已忘汉祖,可渐渐取得白彝百姓的地位。作者旅居岩池坝作儿窝一带,暗中查出三家白彝都是五六代的汉姓,他们彝化程度已根深蒂固,不愿说明自己是汉娃,以免被人轻视。三河以达山后遇见樵夫老者一对夫妇,老者系一胡姓汉娃,在彝地已四十余年,其妇于二十余年前在海脑坝被掳到凉山,家主为之婚配。同行有两个别家女娃子,一系第二代汉娃,一系第三代汉娃。考察团分赠各人针线,老人手指第三代女娃对作者云:"此女已是蛮子,可不必给她。"语中亦可略表由汉变彝的情状。

汉娃转变升格而为白彝百姓,此中经过时间长久,并因各地情形不同,故无明显的界限。实则白彝与汉娃间的分别,不若黑彝与白彝间分别的严格。有几种情形可以举出为例。第一,白彝绝不能升格而为黑彝,不似汉娃可转变白彝。第二,白彝与汉娃虽不通婚,但亦不严禁,汉女因貌美而白男公开争娶者比比皆是。第三,汉娃除家主之外并不服事其他白彝,在社会上地位与白彝略相同,不似白彝无论遇见任何黑彝,皆必谦让自居下属的地位。

汉娃在彝中既难出逃,然汉地家属如能探知所在地点及支系家主,则可托人从中说价,以便用金钱赎回。今举一例,即知汉娃赎回的概况。

民八山稜岗之役,普安营守备秘书王文英因城破殉职,次子时年七岁,文英事前为之结绳上吊,未死,彝人解下幼子背负而去,先住大谷堆黑彝卢家,取名铁哈,并命看猪。文英长子即今在雷城办理彝务的雨菴先生,时年十四岁,供职雷波县府,闻变力促冷薰南进兵夺取其弟。卢家因卢汉兵劫夺,托戚友立别区普带铁哈到大凉山变卖,路经恩札瓦西,西南行约一百里达不失各村,卖给白彝的蒙只家为娃,价五十两,的蒙只因铁哈原为黑彝娃子,遂改其名为铁拉,以示低于白彝。铁拉在的蒙只家专司牧羊任务。雨菴久不知其弟下落,民国十六年遇阿着作肚在雷波当差,托他持七十两银到凉山寻访。作肚来到不失各,说明外间只托带三十两银,要赎回铁拉,的蒙只不肯。作肚归告雨菴云铁拉已死,雨菴从此就不再探访其弟。

民国十九年铁拉十八岁,从新入山的汉娃处听到大哥雨菴在天姑密办小学,屡寄口信与笔信,都毫无影响。二十八年又听雨菴转到乌角办省立小学,铁拉拜托黑彝阿着只哈想法转达消息,只哈应允。铁拉在牧羊暇间,常作买卖接洽中人,颇得一般黑彝欢心,只哈为其中之一。只哈暗令铁拉写信,并遣白彝娃子到乌角送信,九日后即得雨菴回信。雨菴托麻柳湾白彝白灿容到不失各接洽说价,定银一百两。此时的蒙只已死,铁拉传给其子的各各。白灿容留下九子枪一枝(价亦一百两)为抵押,率同的各各及铁拉到麻柳湾对换。雨菴坐滑竿由雷波来村,一身华服,的各各见后以为雨菴富裕,遂翻前议,改价六百两,几经交涉未果。王氏兄弟二十年始见一面,又须分散别去。

第七章 阶级

以上为二十八年六月间事,后来雨菴曾几次托彝人朋友到凉山偷出铁拉,都不成功。最后在十二月间有阿着支兄弟尼翁失觉与雨菴友善,愿出帮忙,的各各原为阿着支戚属立别支的百姓,所以一经阿着兄弟交涉即日成功。当时由尼翁交的各各银百两,立刻带铁拉到乌角与其兄雨菴晤面。铁拉二十年的娃子生活遂告结束。铁拉即系考察团翻译王举嵩先生。

第八章 冤家

冤家为倮倮社会特点之一，它的重要性并不亚于阶级制度。冤家的仇视械斗包括社会生活的各方面，并非单纯的战争或政治，也不是单纯的经济或法律。好像阶级制度一样，冤家是倮倮文化的一个重要枢纽，就中贯联到社会生活的各部门。社会原是一个整体，生活的各方面都系互相错综互相关系的连锁，无论生活上那一点震动，都必影响社会全局。在一个社区之中，由于文化的发展或历代的传统，生活上往往着重于一二方面而成为文化的枢纽。倮倮的冤家就是这些枢纽之一。

任何人进入彝区，没有不感觉到彝人冤家打杀的普遍现象。冤家的大小恒视敌对团体的大小而定，有家族与家族间的冤家，有氏族村落间的冤家，也有氏族支系间的冤家。凉山彝家没有一支一系完全和睦敦邻，不受四围冤家的牵制。考察团入凉山路经马颈子西去，保头里区打吉与其侄老穆同时失踪，由阿着哲觉率领我们前行。后来到捉脚那达才会见里区叔侄。原来马颈子以西为补既支地面，补既支与里区支系世代的冤家，彼此仇杀报复，已不知经过多少次数。冤家不能逾越冤家的区域，所以里区叔侄因要避免冲突，暗中绕道他途而去。

冤家结怨必有原因。老冤家的怨恨系由先辈结成，祖传于父，父传于子，子又传于孙，经数代或延长数十代，累代互相仇杀，不能和解。新冤家系因最近两方发生误会或利益冲突,彼此皆不能忍受,激成公开的械斗战争。

打冤家的原因多半不是单纯的。彝例原有赔款的规则,好比杀人必须赔偿命价。如果杀人者不愿赔偿,被杀者的血族即诉诸武力,杀人的亲属团结抵抗,因而引起两族的血斗。血族械斗(blood feud)在初民社会中是一个很普遍的事实。倮倮对于此点却有充分的表现。考察团翻译王举嵩在白彝的谷谷家当娃子的时候,曾亲自经历过许多打冤家的事情。的谷谷的黑彝家主为立别只哈,与吴奇支发生冤家械斗。先是吴奇支有一男子忽然死在半途之上,族人疑是立别支人害死,要求赔偿。立别支坚不承认,两方争执,没有结果。后来吴奇支族人暗中结合来打击立别族村。立别支已有准备,由黑彝只哈率领族众及白彝百姓,的谷谷亦在内,迳到不失各村东有一地名阿宁七合者,与吴奇支相遇。两支族人对山相拒,互相开枪射击,相持自晨至暮,结果立别支死三人,吴奇支死一人。第二次立别支复仇,又由只哈率族人进攻吴奇支村寨,毙黑彝一人,抢劫黄牛三条,然后扬长而去。因是立别吴奇两族就往返仇杀打仗。有吼普支黑彝,为两族共同亲戚,曾出面调解和议,但因条件不合,迄未成功。王举嵩此次到凉山充为翻译,问起立别吴奇两族冤家事,仍是继续械斗,未曾和平解决。

命案往往为打冤家的起因,渐渐扩大成为族支间的仇杀报复。娃子的纠葛,也是打冤家的一个主要原因。有时娃子由一家族逃出另投其他支系,因此引起两族支间的仇怨。有时因本族娃子受他族彝人的欺凌残害,黑彝家主出而保护娃子,就引起打冤家,白彝阶级人多事杂,与外间各族关系频繁,不免有许多纠葛之事发生,一旦事情严重,各族黑彝因身居保护人的地位,往往出面偏袒本族娃子，结果就演成族支间的械斗。

麻柳湾彝目里区打一即因娃子白灿开之事，与故杨土司女公子杨黛娣结怨。白灿开原系打一的娃子，逃至雷波投杨黛娣治下为娃，因白母曾为黛娣的乳母，三十二年春间打一在雷城遇见灿开督责其回村。白暗地勾结当地军人，逮捕打一入营悬梁责打，打一托人说项，花耗五十两银子赎出，因怀恨在心，亟待报复。里区屡寄语黛娣，力言白灿开犯罪欺主，并要求交出该人，杨黛娣在外求学，不问此事，杨家管事人亦以土司故第自居，置打一的要求于不顾。夏初黛娣归城。当日打一即派人到城北望神坡砍伐包谷，因该区为杨府土地，有娃子苏管事为该区的佃农。李开第县长初到任视事，忽闻城北彝人结队毁谷，以为蛮子叛变，立嘱办彝务的人员调查办理。这是考察团未到雷波前的事情。

彝人对待汉人之投保者和对待白彝娃子一般。小凉山浣沟村有汉人十家投磨石支治下为保民。中有陈有伦一家于三四年前被大凉山某黑彝所攻劫，掳去陈氏夫妇及子女共四人，并抢去快枪二支。据某黑彝云他曾被陈有伦的保头磨石作提冤控，坐狱雷波，花耗五十两银子赎出，今劫夺陈氏全家系报复作提对他的陷害。后来陈有伦自大凉山脱逃，因作提在成都军校读书，投告其母叙述一切经过，母与磨石支戚属有力的彝目吴奇刻古磋商，央其出任调解。刻古到大凉山赎出陈有伦的妻及子，陈女已死亡，计银八十两，先划刻古自己在凉山中的土地为抵押。有伦妻子回到浣沟，陈因无现银，亦以田地财产价约八十两划归刻古。但此事未告了结，陈有伦托人寄口信到成都，请作提回去主持此事，如作提未曾控告某黑彝，磨石支当兴问罪之师，惩罚祸首。

冤家起因甚多，实不能一一详述。综观以上诸例，即知大体情形。彝人妇女因婚姻关系,为系联族支间的力量。但妇女发生问题的时候,也是引起打冤家的因素之一。妇女常因夫族虐待,逃回娘家诉苦,致引起两族结怨,相互仇杀。妇女或因转房的缘故,引起纠葛,演成打冤家,好比前例乌角胡里区氏不愿转嫁胡长保,发生命案,激起长保舅家表兄吴奇孤保前来攻击乌角。尚有彝例定婚后女死,必须退还聘金,女家如抵赖财礼不愿退还者,也会引起男女两族的争端。因此在彝人社会之内,常见今日两族结为亲家,往来亲善,明日因事误会,争执打杀,即成为冤家。

打冤家的情形,也没有一定的方式。凡一族与他族结怨,就暗中结合准备攻击对方。倮倮不像澳洲土人战争打架,必先约定时期地点并双方参战人数,然后到场械斗。但和安达曼土人或婆罗洲*土人一般,实行偷袭之法。事前有仪式上的准备,结队出发征讨,目标在于攻击敌方村寨,劫夺仇人的财货。

彝人相信符灵(amulet),用为佩带物,这就是护身符。打冤家的战士常在事前取小羊的毛,请笔母念经画符,然后缝入贴身的衣服之内,并隔离女色,在二十一天之内,这羊毛符灵必保护战士,使刀枪不能入身。他如虎须、野人的头发与指甲,都认为符灵,可为护身符。

战争出发之前,先行占卜,以问吉凶。占卜有种种方式,木卜、骨卜、打鸡、杀猪等,下面巫术一章中将详细论述。这里只说明打冤家与占卜巫术发生连带的关系。在彝人心目之内,以为战争的胜负,冥冥之中已有神示预兆不可忽视的。

如果冤家范围扩大,必须联合两族以上的团体去对抗敌方,那

---

* 今名加里曼丹岛。——编者

么各族壮士就联合举行盟誓之礼。壮士们打鸡杀牲,互饮血酒,并发誓攻击对方,互助到底。

清末民初枪支未入凉山之前,彝家的战争武器,乃是弓、箭、标杆、皮甲、长刀、投掷石弹等等。此等武器皆须短兵相接,所以谓之械斗。械斗的时候,必须盛装出场,以示威武。头上的布帕挽起成一英雄结,身上披挂金饰的绸缎。即马匹亦配上金鞍银镫,一切皆用以表示富强,威压敌人。

今日械斗,已名存实亡,因倮儸习用快枪,百步之外即可射击命中。近时冤家战争已无打扮夸示的举动,且战时采取迅雷不及掩耳的攻击方法。这无非表示新技术的输入,更改从前的战术,而形成新式的战争模型。

当年倮儸械斗的时候,有黑彝妇女盛装出场,立于两方对阵之中,用以劝告两方停战和议。这等妇女多与双方都有亲属的关系,好比一方为母族,一方为夫族。彝例妇女出场,两方必皆罢兵,如果坚欲一战,妇女则脱裙裸体,羞辱自杀,这么一来,更将牵动亲属族支,扩大冤家的范围,争斗或至不可收拾的地步,快枪输入,战术改革,妇女立于对阵之举,也就废除。但作者在凉山之日,尚闻有两族打冤家,幸赖一个寡妇出面阻挡,所以未曾开火。如果对方不听寡妇的劝告,寡妇的夫族、母族以及母之母族,将联合共攻这敌人冤家。彝例尊重寡妇的意见,寡妇如肯出场,冤家往往打不成。

彝人战斗的策略,多系先由一方暗中结队出发,乘敌人不备一举而攻之。对方既知冤家已结,就随时戒备,或沿途打听消息,见有形迹可疑,即飞报本族,立刻集合壮丁出兵御侮,前已提及里区支与补既支系世代的冤家,作者旅居巴铺之日,曾亲自目击两支对战的情形。有一天清早,户主里区约哈把作者从甜睡中喊醒,说是对江有人打冤家。作者立刻下床穿衣,跟着这位黑彝老头子向村外跑去。到达沿河坡上,已见十几人坐列谈天,两位翻译也在内,作者尚埋怨他们,遇此重大事件不先通告一声。当时向坡下一看,见隔江十余壮士荷枪追到此岸,向着西面补既来窝村开枪射击,连连十余响,后来就没有再听到反应,这已是打冤家的尾声。原来补既来窝与对江里区支的以鲁村,时常往返对打。昨天夜晚补既族人派出一队壮士,在以鲁村山后埋伏,听着晨鸡叫鸣之时,才开枪向村里射击,意图进攻该村打杀劫夺,彝例冤家不许夜半攻击,必待鸡鸣始可行事,此为彝家不成文的法律,必须遵守,违背者将受公意严重的制裁,或各族将联合共同攻击之。那日清晨以鲁村民听到枪声,立刻集合壮士,携械防御,渐渐击退补既支人。进攻者反败,转由山后小路,退到彝车河渡回本村地面,跟着就是里区支人追赶过来。这就是作者跑到坡上观战的时候,两村壮士的打仗已达一句多钟之久。

彝人的战争,多不持久,往往死伤一二人多至三五人即行退却或暂时停止。俚俚不重杀戮,视人命很宝贵,或系由于人口稀少之故。冤家攻人村落,不杀妇孺,不杀白彝,但皆掳之而去,黑彝男子被俘获者,多杀之而报仇。不杀黑彝,他亦必自求一死,以表示坚毅的精神。黑彝贵族虽为俘虏,也从无降为奴娃的规例。黑彝妇女被俘获者,多禁之以待本族说价赎回。白彝无论男女,皆可奴使为娃,或转卖他方。

劫掳敌方人娃财物,皆为重要的战利品。彝人争斗并不占领土地,但大事劫夺,尽量搬运牲畜、存粮、财货等物。所有从敌人劫来的娃子财产,即算为自己的财产。往往战争所得的东西,抽出阵亡者的丧费以及因战争的损失费如子弹的消耗等,然后大家瓜分。

彝家掳掠劫夺的举动至为普遍。这不但施之于冤家仇敌,对于陌生之人亦行掠夺。例如里区老穆在黄茅岗侧独力掳去三个在逃的汉娃,即收为己有。老穆系考察团保头之一,为凉山中所谓安分守己之人,亦行此劫夺的事情。原因是㑩族人民视在某种情况之下,可以劫夺他人的财产以为自己的财产,此系彝家社会律例,不算是违法。这种劫夺的举动,在美洲平原印第安人(Plain Indians)的社会里极为普通,青年人往往结队出征,偷袭邻族,抢劫财产,用以练习勇敢果斗的精神。再如亚刺伯北部巴达因(Badawin)人,也是各部落相互争斗劫夺,成为社会的风气。平原印第安人及巴达因人皆系射猎游牧民族,拥有这等劫夺尚武的精神。此点或可旁证㑩㑩原系游牧民族,因而保持固有的文化。

冤家争斗如果势均力敌,往返报复,酿成世代血仇。冤家中如有一方势弱,不愿应战,或怂恿寡妇出场应付,或托亲友调解,情愿赔礼和议。因是彝人冤家并非绝对的延长下去,也有和平解决的方法。

冤家的和议多由两方共同亲戚或朋友,出为中间调解之人,奔走交涉磋商条件,至两方都同意赞成的时候,再实行和议的仪式。前例里区打一与白灿开一案,白的背景为杨土司女公子黛娣。黛娣回雷之日,打一结队砍毁望神坡包谷,李县长以为蛮变,命王雨菴邀同里区打吉调停和解。王与里区二人两方接洽相议,就决定几项条件:

第一,白灿开是召祸之人,应对黑彝里区打一赔罪。按彝家古例,赔罪之法为头上戴金子,身上穿缎子,身下骑花马,实即备办全套金冠缎服与马匹以为赔罪的礼物。但今只名存,实际上诸多礼物皆可折成银两用为赔款。白灿开的赔罪名目为头上戴金子折成十两,身上穿缎子五两,身下骑花马十两。换言之,白应出二十五两银以赔偿打一的一切损害。

第二,里区打一得罪土司府第,应出身下骑花马费十两,用以对杨黛娣赔礼。

第三,苏管事在望神坡的包谷田园无辜受毁,何人应负赔偿之责,颇费踌躇。打一虽为毁谷之人,但因报复先前所受的损害,不愿赔偿。苏与白同为杨土司府第管事同僚,苏亦不愿接收白的赔偿。因此说合中人共劝望神坡田园邻近两家名阿着留留与阿着雪伯者,用共维地安的名义,合出资七两赠苏管事。阿着两家原系杨土司故属,经疏通说项之后,希望两方调解,极愿担负出资息事。七两银子固不足抵偿田园的损失,但苏管事亦愿冤家早解,以免杨府及同僚长久的与人结怨。

白灿开之案,虽经调停,成立条约,但未见付诸实行。考察团初到雷城的时候,即闻里区打一于半途中掳去苏管事之子,因留麻柳湾为质。直至作者赴麻村考察之日,经保头里区打吉说项,打一始放苏子归去,但此案尚悬而未决。

冤家争斗如经几度抢杀,到和解之日即可人命对抵,黑彝抵偿黑彝,白彝抵偿白彝,无法抵偿的人命,则出命价赔偿,亦即许多初民团体所实行的血债(blood money)。好比甲乙两方冤家,甲方死五人,乙方死三人,除三人对抵外,乙方须赔偿甲方两条人命。黑彝价贵,白彝较贱。人命之外,尚考究结怨的原因,如系甲方起衅,就要出款若干,以为赔罪之礼。

和议完成之日,由中人两方交款,并实行和平的仪式。大家择定在一个山坡之上两方聚会,赔礼一方备办牛羊鸡豕宴客。事前杀鸡滴血于酒中,两方代表人互饮血酒为誓,彼此不再为仇,言归和好。誓毕大宴，互贺饮酒，尽欢而散。

彝家社会以氏族为团体主要的组织。故在同一氏族之内，大家共同负有责任与义务。个人为氏族团体之一员，个人被侵害即不啻氏族之被侵害，所以个人如受杀害，氏族团体出而报仇，必杀敌方团体一人以抵命，以命偿命为彝人社会不成文的律例，执行的方法即利用团体共同的责任并冤家打杀的机构。

同一氏族之内，原不许打冤家。但近代因氏族支派繁衍，也有同族异支斗戕之祸。同族间的争执往往由于有力黑彝仲裁判决。如有命案发生，彝例同族必须偿命，不能按命价赔偿。里区打一误杀里区别土的儿子，别土为打一族叔，当年召集族人，并杀牛招待，公议打一必须偿命。打一不得已应允，两次自杀未果。后来别土忽然逝世，没有人立促打一偿命，同时打一妻族恩札支势力相当雄厚，不愿打一偿命，出面说合命价，别土既死，打一又渐露头角，里区族人无有敢反抗者。因此同族打杀必须偿命之例，亦渐因人事环境的关系，而变更方式。

实则，倮倮社会中的近支血亲仇杀，尚不能放弃以命偿命之例。近亲诸如兄弟叔侄，姑舅表兄弟，姨表兄弟等类，如有仇杀，皆以偿命论。前例磨石作提曾在成都军校读书，可惜未曾毕业即因事归家，适逢其胞兄从滇北担保十余汉商深入凉山，其兄与作提相议，谋欲反保劫掳汉商而去。作提新受教育，知彝汉一家同为中华国民，力持异议。其兄与作提争辩，坚欲反保，作提一时性急，举枪自杀。族人欲议作提胞兄应履行偿命之罪，但作提究非其兄所杀，久不能定，此事迄今未曾解决。

总而言之，彝人在氏族亲属之内，勉励团结一致，共负集合的责任，因此族人不打冤家，若杀害族人，必须抵偿性命。若就族外关系而言,打冤家却是社会生活的一个重要机构。因有打冤家的战争模式,历代相沿,青年男子始则学习武艺,继之组织远征队,出击仇人冤家或半路截劫,至杀人愈多或劫掠愈甚之时,声名愈显著,地位亦增高,渐渐获得保头名目,而为政治上的领袖。

打冤家也是初民法律的一种实施方法。人命必须抵偿,用战争的方式解决之。血族的仇杀报复,赔偿血债等,都是执行法律的例证。这些不成文条例即是制裁人民行为的重要力量。

打冤家系经济的机构,不但诸多结怨的原因由于经济的冲突,而且若非冤家结仇,就无从劫夺财货,奴使人娃,而增加自己的财产。

倮倮社会因有打冤家的传统,维持尚武的精神,提倡勇敢的行为。更因对付冤家的缘故,自己团体增加结合的趋势。倮倮各支若遇汉兵入境,必全体团结一致,共同抵御。质言之,彝人因有打冤家的文化模式,一方面各支系派别可互相牵制,成一平衡的局面,另一方面又可保持武勇的精神,防御凉山的大本营。

第九章 巫术

巫术在傻傻社会的生活里,也占有一个重要的地位。初民的巫术往往和宗教相混不分,傻傻此点自非例外。巫术和宗教不但能够支配人民的动作行为和维持社会的安宁秩序,而且统治初民的心理态度和培养传统的道德观念,质言之,我们考研初民的巫术和宗教,从中可以窥察初民适应环境在心理上的反应,也就是在思想方面的表现。

要知傻傻巫术的状况,不得不知巫术、宗教、科学分别如何,关系如何。巫术和宗教都是对付超自然界,科学所对付的却是自然界。但是科学和巫术也有相同之点,彼此目标相同,都有因果观念的定律并应用机械的技术。所不同者科学应用因果的定律和机械的技术于自然界,巫术却应用之于超自然界。初民对于宇宙观念,不分自然界与超自然界,他们以为只要遵循传统的定例按序实行技术,就可以达到目的。因是夫累则(J. G. Frazer)曾说明巫师就是初民的科学家。实则巫术因对付超自然界的因果观念,往往不能得到实验的结果,因为超自然界的因果关系是人类根据错误的类比(analogies)所想像创造,在自然界中却没有存在的余地。

巫术和宗教既都是对付超自然界,彼此关系密切,难于划分。夫累则之后,人类学家研究巫术和宗教的分别关系比较详尽,但尚无严格划分的方法,实际上二者相通之点太多,彼此又交相依赖,共同发展,中间并无明显的界限。若就全部的两方极端而言,巫术和宗教应有一个分别的领域,不然初民社会的许多仪式行为,我们就无从了解,也不能加以说明。

倮倮社会对于自然界的观念有两种不同的方式。一种是超自然力(supernatural power),属于没有生命的物质,诸如石头、银子、衣服或首饰等物,附有精灵,极像坡里尼西亚人民的"摩那"(mana)观念。另一种是超自然人(supernatural being),属于生命的有人格的事物,好像山脉之有神灵,人死之有鬼灵。这两种观念的方式在宗教发展的过程中,有不同的结果。人类对于宇宙的观念自两套不同的类比:一套类比关于超自然力的产生,乃是依照物质之有特性,诸如物之颜色、形状、重量与坚硬性等,而发展为精灵主义(animatism)的信仰,或是"摩那"的信仰。另一套类比则是依照人类本身之有意志、倾向与目标等,而发展为灵魂主义(animism)的信仰,或是鬼神(spirit)的信仰。

精灵主义的信仰,在倮倮社会之中,可以找出许多明证。前章所述打冤家的护身物,如小羊毛、虎须、指甲和头发等的符灵,能够保卫战士在战场上的安全,就是相信精灵的存在。倮倮家族凡祖先所遗留的东西和衣服、首饰、银子、用具等,久后成为"吉罗",不可乱动,以致产生危害家族的事情。"吉罗"即是精灵的观念,与"摩那"相同,有些人以倮倮"吉罗"为家神,实是一种错误。试举一例,黄螂附近蒋家为一个熟彝,祖传三个箱子,一为银子,一为衣服,一为首饰。某日蒋家外甥女归到舅家,无意中打开祖传的箱子,把衣服首饰装束起来,第二日箱子内东西皆不翼而飞,"吉罗"跑失,后来蒋家就落败下来。彝家的"吉罗"即是精灵,神秘不可触动,否则"吉罗"必活动走去,而为家族的损失。"吉罗"的信仰只限于物的神秘性或物的超自然力,却没有鬼神的观念。

灵魂或是鬼神的信仰在彝家的社会里更为普遍。各种疾病死亡以及不幸事情的产生,都是由于鬼的作祟。鬼名极多,有吊死鬼、痫病鬼、杀死鬼、苏臬鬼、客家鬼、猴子鬼、头痛鬼等,不胜枚举。一切鬼怪都能作恶,扰害生人,所以倮倮特别怕鬼,对于治鬼的仪式也特多。神有良莠不齐,善神能够保佑生人,恶神亦能变鬼为恶。家族祖先死后经作道场即变为神,笔母的祖师也是神,可由诵经而降临。彝家没有偶像,也不供奉崇拜。倮倮未曾产生独一神的观念,自然现象中的天地日月,皆有神灵,惟与生活不关痛痒,就无崇拜的仪式。山神彝语谓"米西"比较最为重要,因山神统治雨水,祈雨时必请山神。各山又有各山之神,各不相属。倮倮以山神治雨,与汉人以龙王治雨,正恰相反,这不外表示宗教思想受环境的影响,因倮倮居高山之上,所见云雾雨水皆由于山巅往下而降。

精灵主义与灵魂主义二者并存于倮倮社会,造成了彝家的宗教思想。但从实行的技术而言,一方面是巫术力量用机械方式施行法术,另一方面是个人由于通神的中人与超自然界发生关系。倮倮的笔母兼为宗教的祭司和巫术的巫师。笔母念经通神主持祭奠的时候,他居于祭司或通神者的地位。笔母诅咒压鬼作法治病的时候,他就成为巫师。实际上倮倮笔母的主要任务,即在于实行巫术。

笔母为彝家社会特殊的人物,他的职务与常人不同,专司宗教和巫术的活动。一个村落之内,至少有一个笔母,黑彝白彝皆可,但近代当以白彝笔母居多。笔母限于男子,有师传制度。必须经过学习训练,系彝家惟一的严格的教育。师传之法往往从父传子或从叔传侄,好像一种家传的职务。笔母家藏经典,有人祖神话、算命、占卜、降神、咒鬼、祈雨等经书,用彝文传抄。彝家文字并不普遍应用,彝文能够流传,笔母之功为多。

笔母之外,尚有一种巫师,名为苏臬,苏臬没有师父,只系常人因得疾病失神等症,由苏臬鬼魂附体,用白羊白鸡在林中祭之,病愈之后即成为苏臬。苏臬有男有女,不得传授,亦无经典。平时为人治病作法,击羊皮鼓,全身战慄,旋转跳跃,口中念念有词,尽其活动诅咒之能事。

笔母与苏臬虽为不同系统,但实行巫术的目标却是相同。笔母的任务特多,苏臬的职责较少。现在分别叙述他们的工作和法事,藉以明了彝家的巫术情形。

先说占卜,一种神示预知将来的吉凶。占卜有两种相反的方式:一种由于神借人口预卜,或是祭司传达神的意旨而卜测将来现象的发生,诸如西伯利亚、非洲、坡里尼西亚一带普遍实行的方式。另一种占卜由于视察物质或动物的内脏和骨骼等。欲求预知将来,巫师须有一个严格的技术的训练,使能视察动物骨脏的重要方位与斑点。倮倮的占卜全部属于后一方式。

彝家占卜,多由笔母主持,常人亦有行之,举凡婚姻、丧葬、疾病、出行、狩猎、打冤家等皆可举行,预卜吉凶。占卜方式很多,兹举数例,以观概况。骨卜最普遍的为灸羊膀,笔母取羊膀用火草烧之,然后检察骨上所表现的裂纹,以定事之吉凶。裂纹的主要规则为十字形,分上下左右四纹,左为自己,右为鬼怪,上为外方,下为内方。左纹正直而长者为吉,因自己比鬼怪强,反是为凶,鬼比己强。下方明正强于上方者亦为吉。质言之,裂纹有各种详细的解释,我们由此稍知其意义而已。骨卜尚有检察猪肋的斑点,鸡喙软骨的内外弯曲,皆系吉凶的征兆。

打鸡占卜亦由笔母执行,先念词语告以人名及所问之事,后将鸡击毙掷出户外,视鸡首的方向而定吉凶。外方为鬼怪,内方为自己,鸡首向外为吉,向内为凶,不内不外或横卧者为平。尚有用鸡蛋行占卜者更为普遍,多行于疾病问鬼。作者在雷波之时,曾亲见胡占云笔母,用鸡蛋在病者身上摩过,然后口中念词,将鸡蛋打入一碗水中,检察蛋黄的星点,然后决定什么鬼怪作祟。

打木刻又为占卜的一种,多行于出行与战争。简单的方法系取一木条或木片,口念人名及出行方向,将刀刻划许多痕迹,并于当中划一长道。检数上下两方的刻纹以卜吉凶。上方为鬼怪,下方为自己,奇数为吉,偶数为凶。如上方偶数下方奇数,决定己强鬼弱,则为大吉之兆。考察团在大凉山中因与阿着哲觉发生龃龉,归途不知走南路抑是北路。出行的前夕,闻保头里区打吉暗中告笔母打木刻,以行北路为吉,作者是后才由翻译王举嵩处听到,惜未曾亲自参与此种举动。

占卜预知祸福吉凶,为一种控制命运的巫术。按巫术与宗教原系由于人类生活中,在感情紧张的情况之下产生效能。所谓感情紧张的情况即是生命的转机,好比生婚病死,业务失望,冤家打杀,以及莫可奈何之恨怒等等情事。在这等情况之下,人类理智经验没有出路,却依赖信仰和仪式而逃避到超自然界的领域。许多初民进行农业工作,在日常经验及科学知识方面,他们必焚烧山林,锄平园地,播种刈草,去除害虫,防御鸟兽,使谷物得到良好的收获。但是初民也常有利用形如谷物的石头,埋存土中,目的在于由石头的精灵而增加收获。雨水能使谷物生长,雨水缺乏之时,初民又依赖祈雨仪式而控制气候。所以在初民思想之中,科学和巫术同是有因果关系,但他们却分不清什么是自然界和什么是超自然界。

俚俚的宗教实属原始时期,与巫术相混不分,一切实施多偏重于巫术的活动。巫术严格的根据传统的技艺,并以为技艺实行没有错误的话,必能到达所要求的目的。彝家巫术亦系因生活紧张的情况而产生,然后一代一代的传达下来。

彝家疾病种类极多,但无医药的应用,都是巫术的医治。先由笔母断定疾病因于什么鬼怪,然后作法术送鬼治病。治病法术即为送鬼,普通边区汉人说是送菩萨。彝人疾病及一切不幸遭遇,皆以鬼怪作祟,所以每年阴历三月七月和十月至少送鬼三次,目的都是去除鬼怪,使家宅平安。

作者在大凉山三河以达的时候,曾亲自目击里区打吉住宅送鬼情形。笔母为村内白彝设加儿,率领徒弟即系他的儿子,约十二三岁,带着一袋法宝行事。师徒两人并排坐于锅装后面,即平日尊客的座位。父子手缚草人并折木子为钱。设加儿摇铃念经,徒弟也随着唱和,于是两人一面口念经书,一面手缚草人。笔母用石头在锅装火里烧红,然后取出到主人住房屋内巡绕一周,仿若驱鬼之状。再坐地上念诵经书,并散发木子。

笔母束好四个草人之后,打吉邀同妻恩札氏并三个儿女蹲于锅装右边,一家人围成一个圆圈,另由白彝娃子双手扭执公鸡一只,在打吉等头上绕匝九遍,然后递给设加儿,笔母用尖刀一把狠力的打击公鸡首颈,口中尚念词不绝,鸡死之后即以鸡血淋洒草人,并以鸡毛安插草人身上。娃子又执山羊一只绕匣打吉等头上七遍,然后杀羊亦淋血于草人。倮倮视奇数为吉利,故绕匣必须七遍九遍。鸡牛之死有代罪之意,和犹太人的"替罪羊"(scapegoat)的观念相同。

笔母施行许多法术,吹鸡作响,散发木钱,屋内彝人呼号呐喊,闹到夜半,最后才把草人木钱输到屋外远处掷于各方,当然又是一阵的喊叫。草人不啻即是夫累则所谓的模仿巫术(imitative magic),仿鬼怪之状束缚而成,以鸡羊代罪之后,放送于屋外,使不致在屋内作祟,危害生人,造作疾病。

考察团翻译胡占云,亦系彝家笔母,曾告作者设加儿所念经书第一部为请山神"米西",可见倮倮对山神特别重视。第二部经书为咒冤家之来咒主人者,此系以咒报咒之法。第三部为咒鬼经书,即是驱逐鬼魔出于屋外。彝人相信鬼魔作祟,由于冤家诅咒陷害所致。解除之法即送鬼反咒,其为害则及于冤家仇人。

苏臬亦为彝家巫师,专治疾病,法术与笔母稍异。用羊或猪在病人身上绕匣三遍,然后杀羊置于门口,由苏臬跳跃打鼓,全身抖慄,信口喊叫,并用嘴含羊子,掷来掷去者三四次。羊皮剥下,送归苏臬,与笔母得皮相同。最后用泥土作罐形,上面按上罐盖,苏臬在屋内到处寻找鬼怪,纳入罐中,立刻盖上,持罐于屋外埋入土中,意即鬼怪被埋,不复作祟。

从送鬼的仪式中,即知倮倮对冤家有诅咒之法,用以危害仇人。按巫术有白色巫术(white magic)与黑色巫术(black magic)两种。白色巫术为善意的巫术如祈雨仪式。黑色巫术为恶意的巫术,如诅咒冤家之类。诅咒亦请笔母行事,有一家独咒,或一村一族合咒不等,视各别共同的冤家而定。

诅咒有各种方法，难以尽述，今举数例，以明大概情形。第一，打狗念经，咒冤家遇狗死亡。死狗必吊在路中树上，使冤家不敢越境。作者在旅途中常见死狗吊立，即彝家所行的巫术。第二，打鸡诅咒，用鸡脑壳吊向冤家方向，使之为害仇人。第三，用野鸡或野鸽由笔母写上冤家名字，紧系于鸟颈之上。作法诅咒并放鸟飞于冤家地面，仇人即能得病死亡。第四，束缚茅草使成冤家形象，用鸡血鸡毛发咒送到冤家田园之间，冤家路过必遇恶鬼死亡。第五，用木板刻成仇人形状，并以蛇血写上名字诅咒，暗中掷至冤家住处，必有天灾降临其屋。第六，用癞子腿骨扎成草人，指冤家名字发咒，暗中放于仇人住屋或田间，使其中咒死亡。癞骨草人的诅咒系模仿巫术与传染巫术（contagious magic）并用，模仿者因草人仿效仇人形状，传染者因癞骨病可传到于仇人。模仿巫术与传染巫术二者，合称为交感巫术（sympathetic magic）。

倮倮实行黑色巫术，为冤家间的暗斗，彼此往返诅咒，争取法术的高强，用以危害对方，并求破除仇人进攻的巫术。有时因不祥之兆，亦请笔母作法寻找仇人埋骨所在，以破巫术的毒计。质言之，彝家以巫术治巫术，法术斗争与器械战争相符并行。

倮倮遇着死亡的时候，相信人的灵魂从这个世界跑到另一世界去，和其他原始民族一般，彝家视死亡为一个重要的关节，或无上的转机。在这转机之间，人类的感情不但紧张，而且复杂，从丧葬的仪式里即可表现一方面对死者的敬爱留恋，一方面对尸体腐烂的反感，而有恐惧的心理。

死亡的仪式差不多世界上各民族都是相似，必由近支亲属相聚一起。倮倮家人断气之后，不但一家团聚举哀，亲戚、邻居、朋友、奴隶都来吊奠，送牛送酒不一而足。于是洗尸整发，换上新衣服首饰,相聚哭吊一番,再打牛杀羊,共相宴饮。

倮倮实行火葬,把尸体全部焚毁,大约死后一二日或几日行事,视笔母所择的吉日而定。先制一木滑竿,两边长板两条,中间横着木板,男子九根,女子七根,然后将已装束完备的尸体置于木滑竿上,由白彝娃子四人抬到屋外。另一娃子牵着一匹带鞍的马为前导,一直走到焚尸的地方,意即灵魂骑马而去。焚尸多在屋后山上,锄一四方形平地,四角插入木柱,上有权子架着四条横木,横木之上置一竹编四方形的筛子。死尸的木滑竿即安放于筛子之上,焚尸的时候,四方向同时点着火把,火光一起,家屋门外的彝人即用大刀打牛,木杠打羊,备办祭奠及宴饮。

烧尸有专人,皆年老贫贱的白彝,常人皆不愿作此举动。烧尸必在清早太阳未出的时候,有彝家亲属守着观察烧毁的状态。守尸者必系奇数,或七人或九人皆可。家里牛羊煮熟之后,就搬运到焚尸的地方,大家相聚团食,并尽量喝酒。尸灰有时埋入土中,有时撒散丛林中没有人烟的所在。焚毕死尸,家人全体避于屋外,只留一人率领笔母关着门户,在屋内到处用筛子作法,筛送鬼魂,以净家宅。

倮倮在焚尸的时候,请笔母作死者的灵牌,这好像是祖先崇拜的初期。灵牌的作法用木棒一根长约五寸,两面剖开,中凿小孔,谓之灵屋。笔母在烧尸坟上取一小竹根,以初笋为宜,截成竹片,用三月间剪下的羊毛将竹片用棉线扎起,男九扎,女七扎。此即代表灵魂,放于灵屋之内,于是两片对剖之木棒合起来,灵物装在孔内,不复再见,木棒外面上端用麻绳扎起,也是男女九扎七扎不等,更用白布棉纱包上。笔母作法去污之后,即成为灵牌。灵牌供于锅装后面墙上之木板上,凡年节、送鬼、疾病之期,由笔母作法杀牲祭灵，飨以酒食。

倮倮不似汉人，对祖先供奉牌位，累代崇拜。彝家的灵牌在作白或作道场之后即可取消。倮倮道场的目的在于超度祖灵入于神界，或入于另一世界，有隆重的仪式。或由一家独力举办，或由数家合办，则视家族氏族的经济能力而定仪式的繁简。大约在死后一年或三五年举行，甚至亦有延至十几年几十年才举行一次。

道场为氏族与亲属相聚的机会，一方面有严格的仪式，一方面团体会合宴饮，尽情的社交娱乐。仪式有十二殿法事，费时十余日，消耗之大冠于一切活动，非富裕之家实不能举行。普通道场作一二殿或几殿不等，由笔母行事，有解除污秽，送灵归位，祈求子孙安乐，产物丰厚等等目的。最后有送灵的举动，那就是把父母灵牌重新剖开，另制新木棒，也有灵屋，把旧时父母两个灵物，合放于新木棒的灵屋之内，父灵放在上面，母灵放在底下，此亦模仿巫术之一例。然后木棒两片合盖起来，两端用白布扎捆，送灵时由儿子背上，笔母领路，进到高山崖洞人迹不到的区域去。据说此处即为族间祖灵会聚的所在，笔母念经指路，带灵魂到达白河，亦即彝家所信仰的另一世界。在崖洞之中，家族三五人解下新木棒，重新检视祖灵，见无错误，再打扎上放在崖洞中。于是分食从家里带来的猪脑半边，剩下脑壳放于灵前倾酒为祭。于是归家，不复再有其他崇拜的仪式。

丧葬的仪节，一方面因信仰鬼灵，由于仪式的举行送祖灵安然渡到另一世界，一方面对于生人因在感情紧张的状态之下大家聚会行礼，以求渡此难关，渐渐恢复到平日生活，使人类社会的均衡状态得以保持。

死亡固然是重要的阶段。业务失败也是一个难关或转机。倮倮倮依赖农业产物为主要食粮,如遇旱年危害谷物的时候,彝家必从事祈雨仪式,冀以巫术统治气候。祈雨必用白羊白鸡,安慰山神,由笔母作法,撒散血毛于各方,毛血似雨似雪,也是模仿巫术。至认白色禽兽为神秘,亦为初民社会中普遍的事实。例如叙利亚及中央亚细亚的白马、泰国的白象以及美洲印第安人的白牛、白鹿、白狸等,皆为神秘的兽。笔母实行法术的时节,村人辅助呐喊。有放枪震动山神,有号叫威压鬼怪,尽情奔动活跃,使雨从高崖上下降,以符实行巫术的目的。

倮倮另有许多禁例,英语谓之"他不"(taboo)。按夫累则的解释,禁例即系消极的巫术。彝家禁止人民跨过锅装,说是亵渎火神,其根本原因当然起于火能烧伤人命。禁止马在屋内备鞍,因此系送死人的仪式。禁止出行之人未离屋之前扫地,怕鬼怪追逐行人路上作祟,像这种的禁例甚多,不胜枚举,积极的巫术应当是作什么事,才能达到目的。消极的巫术则不应作这等事以避免祸害的来临。所以禁例也不过是扩大的巫术而已。

倮倮尚有神判(ordeal)的习俗,以决定一人的罪行,这也是一种巫术的实施。例如摸蛋即系判决罪犯,其法先由笔母念经,烧一大锅沸水,将鸡蛋投入锅中,命罪犯者伸手于沸水中,将鸡蛋取出,如手不被烫伤者即证明无罪。又如嚼米也是一种神判,笔母念经作法之后,命嫌疑犯吞嚼红白米一小撮,嚼碎后再行吐出,检视米中没有血丝染成红色者为无罪。神判行于同族间窃盗欺诈等等行为。冤家之间窃盗为荣誉之事,同族窃盗则为罪恶。有时犯罪也可以由盟誓解决。白彝如欲取信于黑彝,向之睹咒,或剖白心迹,可打鸡滴血于酒中一饮而尽,表明如有欺主不法行为,将如死鸡的结果。

盟誓为佴佴取信于人的举动,在行为上为一种巫术的实施,在初民法律上为一种契约。彝家无论是业务的往来,行旅的担保,以及联合打冤家等事,必聘请笔母打鸡诅咒,双方互饮血酒以为誓盟。尚有阇牛皮之例,为黑彝投诚汉官或担保汉官入境的盟誓仪式。其法杀牛将牛皮连着首尾四脚,张挂在木架之上,一如牛立之状。牛首向东,尾向西,笔母念经作法,投诚黑彝从牛尾底下钻进去,再从牛首底下钻出来,并发咒词,不作叛逆。然后更饮血酒,彝汉共同举行。此乃盟誓最严重的仪式,也是巫术魔力统治彝家行为的表现。

附录一 倮倮亲属名词

甲. 倮倮亲属称谓主要名词表

彝文	彝音	汉译
ꀕ典	a dzu	曾祖、高祖、外曾祖
ꀕ豆	a pi-z	曾祖母、高祖母、外曾祖母
ꀕ四	a pu	祖、伯祖、叔祖
ꀕ五	a u	祖母、伯祖母、叔祖母、外祖姨母
ꀕ中	a ma	祖姑、外祖母、堂外祖母、岳祖母
ꀕ四	o pu	外祖、堂外祖、岳祖父
ꀕ卅	a bə	父
ꀕꆂ	a mo	母

110

续

彝文	彝音	汉译
釆釆	da da	大伯父（直接称谓）
𘍏𘍐	pū(pī) o	伯父、叔父
𘌺𘌻𘌼	mo gni	伯母、叔母、姨母
𘌽𘌾	a bər	姑母、岳母、姑
𘌿𘍀	ʑi pī	姑丈、岳父、翁（𘌿字普通读为 gni 音）
𘍁𘍂	o gni	舅父、岳父、翁
匚匚	gni gni	舅母、岳母、姑
P	nga	我
𘍃𘍄	i de	自己
𘍅	bə dzə	丈夫
𘍆𘍇	mi gni	妻
𘍈𘍉	vi o	兄、堂兄、姨兄

续

彝文	彝音	汉译
丙丙	mu mu	大哥（直接称谓）
丢㓁	a mi	嫂、姨嫂、舅表姊妹（直接称谓）
莀口	vi mo	姊、堂姊、姨姊
丂狀	a vi	大姊（直接称谓）
凹凹	i i	弟、堂弟、姨弟
卅中	gni ma	弟妇、姨弟妇
亡口	gni mo	妹、堂妹、姨妹
丂沱㐄	a bor zin	姑表兄弟
丂罒	a sa	姑表姊妹、大嫂或大姑（直接称谓）
尔匕㐄	o gni zin	舅表兄弟
尔浞	o zie	舅表兄弟、妻兄弟及亲家三者的直接称谓

续

彝文	彝音	汉译
(彝文)	o gni a mi	舅表姊妹
(彝文)	ma dzz gni mo	兄弟姊妹、平行从表（包括堂兄弟姊妹及姨表兄弟姊妹）
(彝文)	o zie a sa	交错从表或姑舅表兄弟姊妹
(彝文)	vi o i i	兄弟、姨兄弟、连襟
(彝文)	vi mo gni mo	姊妹、妯娌、姨姊妹
(彝文)	a mi a sa	姑嫂、亲母
(彝文)	zin	子
(彝文)	zin či	子媳
(彝文)	sa mo	子媳、外甥女及内侄女三者的直接称谓
(彝文)	a mi	女
(彝文)	a mi sa xɚ	婿（"沙勒"一词应用于发生婚姻关系之男子，如姑丈、姊妹夫、女婿、侄婿、甥婿等）

113

续

彝文	彝音	汉译
ꏂ ꀕ	zin du	侄、姨侄
ꏂ ꀕ ꇂ	zin du či mo	侄媳、姨侄媳
ꀋ ꑳ ꀕ	a mi du	侄女、姨侄女
ꀆ ꍂ ꏂ	o zie zin	舅表侄、婿、侄婿
ꀆ ꍂ ꀋ ꑳ	o zie a mi	舅表侄女、媳、侄媳
ꉬ ꃀ ꏂ	gni mo zin	外甥、婿、侄婿
ꉬ ꃀ ꀋ ꑳ	gni mo a mi	外甥女、媳、侄婿
ꀉ ꁌ	ar bu	孙、曾孙、玄孙
ꀉ ꂰ	ar či	孙媳
ꀉ ꃀ	ar ma	孙女
ꀉ ꁌ ꀕ	ar bu du	侄孙
ꀉ ꃀ ꀕ	ar ma du	侄孙女

续

彝文	彝音	汉译
[彝文]	sa ər bu	外孙
[彝文]	sa ər ma	外孙女
[彝文]	ɡǎ ja zie nü zi	长次三四五（此五音加于名词之后，用于直接称谓，以表示长幼之次序）

彝音附注

b, d, dz, g　或含有两类音，一为浊音，一为清而软音，此处不能分别。

č, p　吐气很强的塞音。

s, č, dz, z　发音部位不详。

ng　舌根鼻音，如英语 sing。

gn　舌面鼻音，如法语 magnifigue。

ar　如美国西部—r 音，又如英语 bird。

a　混或后的不圆唇元音。

ü　前圆唇元音，如法语 tu。

z　舌尖元音，如北平语的子，四等类。

x　舌根擦音，如德语 rauchen。

-n　表示鼻化元音。

ī, ū　元音之上画号表示长音，但或是因于音韵不同。

乙．倮倮直接称谓名词

第一表

弟妹对兄姊的直接称谓（附兄嫂）		
彝文	彝音	汉译
丙丙	mu mu	大哥
丙巧	a sa	大嫂
丙儿	mu ga	二哥
丙巾儿	a mī ga	二嫂
丙爬	mu zie	三哥
丙巾爬	a mī zie	三嫂
丙土	mu nü	四哥
丙巾土	a mī nü	四嫂
丙孓孓	mu zi	五哥
丙巾孓孓	a mī zi	五嫂
忄	a vi	大姊
丙儿	a ga	二姊
丙爬	a zie	三姊
丙土	a nü	四姊
丙孓孓	a zi	五姊

第二表

舅父舅母姨父姨母的直接称谓		
彝文	彝音	汉译
	o ɛi	大舅父
	gni gni	大舅母
	o ga	二舅父
	gni ga	二舅母
	o zie	三舅父
	gni zie	三舅母
	o nü	四舅父
	gni nü	四舅母
	o zi	五舅父
	gni zi	五舅母
	mo ɛi	大姨母
	a bo ɛi	大姨父

续

舅父舅母姨父姨母的直接称谓		
彝文	彝音	汉译
ᴖᴊ	mo ga	二姨母
ㄢ卅ᴊ	a bə ga	二姨父
ᴖ沰	mo zie	三姨母
ㄢ卅沰	a bə zie	三姨父
ᴖ土	mo nü	四姨母
ㄢ卅土	a bə nü	四姨父
ᴖ λ໐	mo zi	五姨母
ㄢ卅λ໐	a bə zi	五姨父

第三表

伯叔父母及姑母（附姑夫）的直接称谓		
彝文	彝音	汉译
ㄢ卅ᴅ（采果）	a bə ɛi (dada)	伯父
ᴖヒᴠ	mo gni ɛi	伯母

续

伯叔父母及姑母（附姑夫）的直接称谓		
彝文	彝音	汉译
ᵾ ᵾ ᵾ	a bə ga	伯父或叔父
ᵾ ᵾ ᵾ	mo gni ga	伯母或叔母
ᵾ ᵾ ᵾ	a bə zie	伯父或叔父
ᵾ ᵾ ᵾ	mo gni zie	伯母或叔母
ᵾ ᵾ ᵾ	a bə nü	伯父或叔父
ᵾ ᵾ ᵾ	mo gni nü	伯母或叔母
ᵾ ᵾ ᵾ	a bə zi	叔父
ᵾ ᵾ ᵾ	mo gni zi	叔母
ᵾ ᵾ ᵾ	a bər ɛi	大姑母
ᵾ ᵾ ᵾ	a bər ga	二姑母
ᵾ ᵾ ᵾ	a bər zie	三姑母
ᵾ ᵾ ᵾ	a bər nü	四姑母

续

伯叔父母及姑母(附姑夫)的直接称谓		
彝文	彝音	汉译
丆氵彡	a bər zi	五姑母
兴 叶	i pī	姑夫

第四表

舅父子女(舅表兄弟姊妹)的直接称谓		
彝文	彝音	汉译
兴 氵 丆	o zie ći	舅之长子
兴 氵 儿	o zie ga	舅之次子
兴 氵 氵	o zie zie	舅之三子
兴 氵 土	o zie nü	舅之四子
兴 氵 彡	o zie zi	舅之五子
丆 山 丆	a mī ći	舅之长女
丆 山 儿	a mī ga	舅之次女
丆 山 氵	a mī zie	舅之三女
丆 山 土	a mī nü	舅之四女
丆 山 彡	a mī zi	舅之五女

第五表

姑嫂对称的直接称谓					
姑呼嫂			嫂呼姑		
彝文	彝音	汉译	彝文	彝音	汉译
	a sa	大嫂		a sa	大姑
	a mī gɔ	二嫂		a sa gɔ	二姑
	a mī zi	三嫂		a sa zie	三姑
	a mī nü	四嫂		a sa nü	四姑
	a mī zi	五嫂		a sa:	五姑

附录二　川边考察纪行

民国三十二年暑间，燕京大学边区考察团前往川南雷、马、屏、峨区，去作实地的考察。本团于七月二日从成都动身，经乐山、宜宾到达屏山县城，适屏山县长陈赓尧氏在蓉开毕行政会议，一路同行归县，因得着许多帮忙与方便。在县府停留数日，又蒙王鸣阳秘书招待参观，得益良多。屏山城原为明代的马湖府，有土知府安氏世袭坐镇，传到安鳌因叛变被戮，府属遂于明孝宗弘治八年改土归流。今城东古迹有天宁、太洪、万寿三寺，均建始于宋，经后代改修，就中有石像、铜像、铜钟等类，雕刻模塑，形状至为精美。城西约五里为前泥溪镇，有土司镇守，今则破坏不堪，只余旧屋三五落。土司署尚留存，前后两院，中隔花园，前院门匾上有"康熙二十五年建造"字迹犹可看出，土司王氏子孙居署右。我们往访时均辞不敢见，王秘书率领我们深入院中，遇一壮年男子，询之即系王氏之裔，经王秘书解释我们由县府派来，始加优礼，其父母皆出招待，且备饭邀请。后出示铜印一颗，四方形，左右两排字，系汉满文对照。铜印旁有小楷字注云："泥溪长官司印，礼部造，乾隆二十七年五月日，乾字一万二千六百一号。"王氏子孙视此铜印为家传至宝，保存甚谨。我用墨擦印，印于日记本内，留为纪念，并嘱胡良珍抄录王土司世系表一份。最后为王氏合家拍照一张而别。

七月二十日本团清早离屏西行，先渡金沙江入云南境，下午四时达绥江县城，距屏山已九十华里。稍休息后，又出城沿江上行，不十里天暮，我们不得不摸着山僻小路爬走，为状至惨。这时候飞鸟无声，万籁俱寂，耳边只听江水滔滔不绝。我们一面忍着辛苦饥渴，一面恐惧匪徒劫夺，所以急急前进，到达秉彝场对岸，已入午夜。

秉彝场是屏西重镇，离县城一百三十华里，人口一万二千余人，旧名蛮夷司，民间尚沿用。昔与泥溪镇同等，也立有长官司。秉彝场位于中都河流入金沙江的交叉点，水顺时有汽船直达，木船平日可行，交通尚称方便。此镇为内地通达边区要点，外间盐布货物，皆在此地起卸，转由人工运到边地，与彝人贸易。今秉彝场以东，已无彝人踪迹。秉彝场以西五十华里至夏溪，即入小凉山境界，为彝人出没之区，汉彝杂居之地。此镇已有边区气象，人民成分复杂，离秉彝场三华里之石角营，虽已有区所成立，但一切设施，尚待将来努力。

沿西宁沟上行，河旁两岸都是汉家村寨，四围山上即有彝人。本团过夏溪之时，即遇见黑彝一人，带有通译汉人。我个人因系第一次亲眼见到彝人，所以特别感觉兴趣，同在一家茶馆内，就彼此谈起话来。询之则为马边境内吼普支的"硬都都"，所谓"硬都都"即系黑彝支派中有势力权柄之人。这人头发剃平，只留头上一束，谓之"天菩萨"。他的胡须整个拔掉，左耳戴着耳环，身上背着一个皮袋，内贮银钱烟叶等，下体穿裤，裤脚甚宽大，且有绣边，但足部从不着鞋履草革。这黑彝嘴角下垂，状甚骄傲，通译的汉人事之甚谨，因欲求彝人供给衣食。后来又遇白彝六七人，都略通汉语，服装却与黑彝相同。

夏溪西行十五华里，至撕栗沱，为一小村落，几十户人家，该村有中国抗建垦殖社第二区事务所，所内人员正设计建筑，使成模范村落。该社勉励垦民殖边，不遗余力。今日垦殖势力已由撕栗沱往西发展，经西宁、罗三溪，南达中山坪，入雷波县境。

本团离撕栗沱西行七十华里，始达西宁，沿途攀山登岭，至为辛苦。外间货物如米、酒、盐巴、布匹等，须由背子转运，一人之力所背既有限，爬行山岭更苦痛。近各垦社与县府商议建筑道路，已设有委员会计划一切，希望早日成功。

西宁居小凉山的中心，位于山谷中小平原之上。四围皆高山峻岭，村右沟水蜿蜒而行，天然风景绝佳。七月初旬村上一处失火，竟于两句钟之内，把西宁全村茅屋焚毁一空。村民经二十余日之积极建筑，今茅竹屋宇已排列成行。街道两旁有各种商店，并旅舍茶楼等，颇称热闹，村街之上多为汉人，彝人往来者亦甚多，此地为汉彝交易的中心地带。我们在此间看见许多彝妇头上包布，身穿布衫，腰系褶裙，衫裙皆绣花边，状至美丽，少女则编一发辫。无论男女老少皆外着披风，寒暑不更。街上遇见黑彝一人，名约哈儿，为恩札格儿支的"硬都都"，高大雄伟，比之夏溪所见黑彝尚见壮大，但年龄稍长，家有儿女三人，娃子甚多。罗绪卿君为我介绍约哈儿，相谈甚欢。罗君在西宁历有年数，曾带兵打败恩札支彝人，为诸彝所钦敬，为人亦忠厚，与彝人往来存信义，甚为彝众所信服。约哈儿率领娃子多人，前后相随，一如军队长官之有护兵者。这黑彝体格在诸白彝中，即不啻鹤立鸡群。

本团在此考察，对于彝民出掳汉人为娃子者，几日有所闻。同时由彝地逃出之汉人娃子间亦有之。在撕栗沱之时，我曾亲见三个娃子新从彝地出来。民国二十九年四月间在雷波蛮溪口，曾被掳去垦民二百余人，迄今分散凉山诸彝间，渺无消息。

以上多谈彝事，今稍述西宁社会特点。西宁新近繁荣，不但因于汉彝交易，亦因于垦社势力之发展。彝地多种烟，常雇用汉工，以鸦片所出，换取白银枪枝。所以今日凉山武力雄厚，白银充足。西宁为边区社会，其特点略举如下：（一）人口虽未经彻查，约在五百人之上，且日有增加，流动性亦极大。性比例更非常态，大约二十男中只有一个女人，男子又多为壮年，年幼年老者甚少。（二）民性强悍，无论商人、平民、垦民皆背有枪枝，以备自卫。（三）社会秩序的维持，操之于各武力团体如保卫队、垦社、秘密会社等。这些团体，气息相通，彼此皆以兄弟相称。（四）边区环境如是，人与人的关系，多是自由结合，自由行动。（五）对于经济开发，特别努力。沿沟有水田稻米，四围山脚多种包谷。沿途尚有煤矿铜矿未曾开采。西宁山上森林重重，如果道路交通发达时，都可以栽砍利用。因有以上几个原因，西宁社会成为具有特性的边区。遍访西宁附近地带存留前清乾隆嘉庆时代的石牌石坊，可见当时是个繁华场所，清末是地没落，民国以来则更甚。新近西宁重兴，赖各垦社开殖之力为多。

西宁居于雷、马、屏三县的交界处，又为彝汉杂居的中枢，如欲开发小凉山，发展西宁则为先决的条件。西宁又与马边、雷波两县城成一直线关系，而自居中央。西面离直线不远即为大凉山，将来如要开发纯粹彝区，也不能不利用西宁的位置，而为向西发展的根据。

本团于七月底离西宁径赴雷波。西宁与雷波的间隔，不过百四十里，一日的路程，只因中隔彝区不能通达，所以我们不得不由原路重返秉彝场，然后再沿金沙江上溯，须经四百一十里路程，消耗五六日的时间。

由秉彝场沿江而行,立见江水渐渐狭小,而且急流甚多,难于通行舟楫。对江为云南境界,山岭重叠,崖壁险恶。到冒水孔已行五十里,尚未过午,惟当地保长极劝我们停留过夜,以为此去没有大镇,离黄螂七十里,又不能傍晚到达,因山路狭隘崎岖,难于行走。我们急于赶路,不顾劝告,继续前进,中途经过十余里陡坡,崖上下皆极险峻,中一小路只容一人走过。我行路之时,不敢仰观,亦不敢俯视,只循小路而走,尚觉目眩不已。至日巴西坠,我们才爬着沙湾上岭,此岭至顶就有二十里,陡险之状难以笔述,岭顶且常有彝人埋伏,时出擒获汉人,以为奴娃。本团人员幸安全越岭,抵达黄螂之时,已是八句钟。

翌晨日出即由黄螂南门出走,回顾此山镇,旧日城墙尚雄壮可观,城之四围为山谷中的平原,田亩青翠,土地肥沃,远近山岭皆半在云雾中。距城南五里之遥即为马湖。湖颇宽大,南北两岸相距较长,由木船渡过需时二句钟。湖之四围皆山,东面较低已有种植包谷之处,湖水洁净碧绿,日光反映成黄金色,湖上空气新鲜,寂无声音,处身其中,不禁胸怀为之一舒。我静坐舟中,默视此良辰美景,依恋不舍。回忆三年前曾在美国东北省避暑胜地的白山之下,与内子饶毓苏划舟于银湖之上的境况,却依稀相似。我国有此美丽山河,只因地处边区,不能开辟游览,诚可浩叹。

来到南岸即可看到东南山上的一片荒土已经垦殖,布种包谷,山之上下还有几处茅屋村落。西南山上又有彝家住屋,云系石图支首领,两山遥遥相对,彝汉原是一家。登南岸即到海脑坝,坝上住有保安队,每逢一、四、七赶场之期,队兵必到村后五子山上放哨,防备当地彝匪出动,保护平民过境。本团行到半山菖蒲田,即遇见哨兵已解哨归来,经与排长交涉,另派兵六名弟兄护送我们。

从士兵的仓惶态度,急促样子看来,使我们感觉到经过此区的危险性。弟兄们又在中途指示血迹,云系前日匪劫行客的陈迹。行客二人,死一人,被捆一人,并云沿途森林草丛之中,尽为彝匪埋伏之处,他们在暗中可以窥见我们,但我们无法看见他们的存匿处。现在县政府正积极从事开辟大道,砍伐路旁草丛,真是一桩急需办理的事情。

我们登到五子山顶,看见一个破庙,也住有保安队。我们遣回原有弟兄,另由住庙排长派一班队兵,护送我们走下南面山岭。南面朱儿沟一带时常有劫夺之事,比北面更是危险。排长说"前些日在夜里曾与蛮子数度开火打仗"。山岭山谷之间,见有几个败坏的堡垒,可以想见此地从前曾有重兵压守。下岭到箐口已是午后二时,稍事休息继续前行,此去全系山谷平原,坦然大道,到牛吃水过夜,离黄螂又九十里。

牛吃水又名文水,离雷城三十五里。全区皆系山谷沃地,山园住屋连络不绝。因防范彝匪,住屋之一角必筑堡垒,以资自卫。金竹嘴离雷城只十里,我们就看到被焚的残屋三座,据云三月间匪来劫夺,毙死二人,捆去三家男女。本团到雷的次夜,金竹嘴又一家被劫,死一人,被捆七人。据云每次考察团经过雷波,多遭劫夺。由于沿途所见所闻,即知匪祸之为害不浅。无论白昼夜里,村镇山野,枪弹之声,时有所闻。河山虽美,其奈民居不安。据近在雷地调查的中大教授萧栒森云:文水一带有铁矿三百万吨。无论从农业经济抑从天然富源而言,我们都必须对此雷地边区加倍注意。

雷波为一小城,城内外人口不及万人。城中一条街道,平日除茶馆外,生意萧条,但至逢场日则满挤着四方来临的买卖行客。雷波也是彝汉交易的重要场地,许多货物如布匹、盐巴、针线等,专为供给彝人的需要。平日街上彝人也不断的往来，县府门旁设有边民公寓，以资彝人过夜。彝人汉化者很多，服装方面改换之后，即不复分辨谁为彝汉。已故杨土司之女杨黛娣住城内，新近从重庆边疆学校读书归来，一身时髦服饰，且满口汉语，已不复有彝习。

雷波地处川省极南，迫近大凉山，受彝祸之深，比之马、屏、峨三县皆有过之而无不及。边区交通阻塞，内地居民则裹足不前，彼此间的消息难于通达，以是边地真相无由得悉。边地居民多恨彝人，每有谈话，皆存偏见。实则，彝人为害并不甚多，而彝汉勾结为害者更多。就中彝汉之争，彝汉联合对汉，汉彝联合对彝，彝对彝，汉对汉，纠纷捣乱之事，相继不绝。处理边政，一时尚难廓清。

本团在雷波考察之余，又到雷西十五里乌角村调查。该村全为彝人势力，即少数汉人，亦在彝人保护之下。村内彝目原为胡兴民，因于五年前逝世，次妻吴奇氏又于去年亡过，现只有正妻里区氏独掌大权，统治乌角与哨上一带居民。里区氏有兄里区打吉者，住大凉山中央，常到哨上辅助其妹办理村中事务。我们到乌角之时，适里区打吉亦在，机遇至为凑巧。他系里区支的"硬都都"或有力彝目，现年只三十五岁，为人比较开通，也懂些汉语。因为有里区氏兄妹的帮忙，考察工作的进行至为顺利，只就体格测量而言，不二日间量至五十人，此为彝区工作不易之事。我们由乌角返雷之日，遇见同济大学医学院教授方超，率领学生二人到此要专门测量彝人的体格。医学界人士对此尚感兴趣。我们专治人类学民族学之人，如不从事此项研究，将如何汗颜惭愧。

本团择定乌角哨上一带为小凉山社区研究的样本，就中除体质测量外，尚有语言，物质文化，社会组织，亲属关系，经济制度，宗教巫术等的考察。至于入大凉山事，已与里区打吉商量，他愿为保头,一路护送我们入山,并由雷波李开第县长,于八月十二日在县府主持实行简单仪式,由双方当事人到场行礼,然后入山。按从前西部科学考察团和四川省政府施教团入凉山考察之前,先与保头杀鸡宰牛发誓,双方饮血酒为盟。因为彝人信鬼,发誓之后,不敢背叛,免鬼来作祟。实则,彝人饮血盟誓,事后背叛者甚多,徒赖誓盟,不足担保。我们此次未饮血酒,开汉彝往来关系之先例,希望以后考察人员不必拘泥于迷信风俗,反阻彝汉文化的流通。

行礼之后,本想十三日从雷波动身,但因当时发生几桩事情,都直接间接影响到本团的预定行程。保头打吉有白彝娃子一人,因事囚于雷波狱中,要求县长释放,有意以释放娃子为护送我们入山的交换条件。李县长允阅卷考虑,因此案系前任县长移交,迄今未曾决定执行。

打吉正在等待县长的答复,但我们心急启行,力促办理彝务的洪绍云及王雨菴二氏劝告保头,并解释护送入山与释放娃子为两回事,不可混为一谈。打吉很明理,有允翌日动身之意。

次日清晨,我们正准备束装就道的时候,雨菴先生跑来我们住处,说本日不能成行,因夜里打吉向街上苏行买羊被骗,他的两个娃子被击受伤,事情很严重,正在交涉中。同时金竹嘴和城南南田坝掳人之事,层出不穷。本来雷城自县长以下科长绅士等,都曾异口同声的劝阻我们凉山之行。只有王雨菴竭力帮忙,事到如今王先生也有一些气馁。

我心上非常焦急,因已不顾一切劝告,决心入凉山一趟,我想凉山虽危险,总不至比前线更厉害,多少同胞在抗战期中浴血战场,我又何必自惜生命,并且倮倮也不随便杀人,至多捆为娃子,尚有补救的办法。因是写两封快信,一封寄重庆内子饶毓苏,一封寄回燕京大学法学院院长吴其玉兄,通告他们入山日程,黑彝保头的支系姓名,办理彝务的介绍人等等,以防意外事变的发生。同时上山的衣服食品、盐、布、银两、交换礼物等,都已各办妥当,不忍中途而止。于是央告洪王二先生,再三与保头磋商,幸买羊案调解平息,我们又急迫催促,打吉也就不得已答应成行。

离雷第一日因等待揹夫,即在雷西乌角歇下。我们住在从前乌角小学校舍,今已停办。打吉与其族侄老穆为护送我们的保头,本晚先到乌角山后的哨上胡里区氏处过夜,等我们明晨路过喊约他们一声。饭后我们正准备休息的时候,忽然撞进两个生面的彝人,一个是黑彝,为阿着族支名哲觉者,另一个为他的白彝娃子。两人来势汹汹,一进屋即滔滔不绝的喊叫,我们翻译把他们的来意说明,原来哲觉系打吉的表亲,为老穆的母舅,里区叔侄因怕路上有冤家的族支,特邀他来加入为保头,但事前未得我们的同意。哲觉为人鲁莽粗暴,开口就要求我们杀羊招待,带骂带闹的喊了半天。我们因深夜无从得羊,嘱翻译王举嵩备办便饭给他们充饥。晚上睡在我们隔壁,整夜说话,闹到天明。良珍心细,劝我考虑与此疯人彝目同行,是否有危险发生的可能。

翌日我们加上一个邬姓揹子,一个因吃鸦片而家产落败的人,一举步就说所背的东西太重,未到哨上已跌倒好几次,我们不得已就雇了一个白彝揹子,工资很贵,但想能分担些邬姓东西,不阻我们行程也就罢了。谁知经过扒哈的时候,大雨倾盆,山僻小路又险又滑,我们只能慢步前进。到了一个山岭,将近傍晚,前面系一片老林,打吉因有羊群在前,自己要赶上在林中过夜。彝人常在野外露宿,他们把脑袋缩进毡衣之内,蜷成一团,就随便倒地睡去,什么风霜雨雪都不在意。我们随着哲觉和老穆就在山后马家湾休息下来。

马家湾只有十四户人家,散居山谷间,原为杨土司的百姓。我们到白彝乌七家过夜,主人出外,一切由主妇招待。屋为土墙茅顶,进口有一门,却没有窗户。屋内有锅装设在中央稍靠左边。锅装为彝人家屋生活的中心,有许多禁例与此相连,屋左隔着竹篱,为主人主妇卧宿之所,屋右安放石磨杂物,家畜猪羊也居留在内。主妇制包谷粑并杀鸡招待,杀鸡不用刀,用手捏死。我们赠主妇剪刀丝线等,狂喜大呼。邻屋老妇也携一壶酒来献给我们。

离雷第三日还是大雨,山僻小路,泥泞不堪行走,邬姓揹子出门上坡即滚到坡下,幸坡下丈余有几根草木挡住,不然直滚下去,万丈深渊,必无埋骨之所。我们见此光景,知邬姓揹子不能长行,他也哀求退伍,因又出重价雇白彝一人代替,并嘱乌七彝妇觅人保送老邬返雷,因乌角以西全系彝区,汉人至此非有保头不能行走。从马家湾上坡路最难行,雨后泥坡经羊群踩躏,更见险滑,我们都是手足爬行,好像四脚的动物,每举一步就花了好几分钟。登坡更不敢俯视,因坡下深渊令人目眩,稍有不慎,跌倒之后,就直滚下去,自送性命。登山巅路稍平坦,但又须穿过老林,林中阴霾万状,雨透内衣,寒冷抑郁之状,不可言喻。经过一天的辛苦,傍晚始达拉里沟,离雷波尚不及七十里。

拉里沟为一大村落,散居四五十户人家,中有六七家系汉民住户,当初彝人东侵时,因不及逃避,投在彝人势力之下生存者。拉里沟以西就没有汉民住户了。我们在拉里沟一日,稍作考察,次晚即在拉里沟对面熊家坪住下。

由熊家坪西行,登马颈子,为旧时汉人村镇。民国八年之变,焚毁一空,今所余者尚有断墙零瓦。从马颈子可西望黄茅岗,北向山稜岗,山稜岗为汉城,亦于民国八年被焚。由马颈子西北行,打吉老穆忽告失踪。询之哲觉,始悉此去为补既支地面,补既支为里区支冤家,因是叔侄不告我们已转弯他路而去。彝人支系各有区域范围,冤家过境相遇,必劫夺打杀,与冤家同行者,亦必遭殃。夜宿丁家坪黑彝家,彝目丁有客已入大凉山,由主妇丁里区氏招待,彝妇态度甚大方,言吐也极自由,不似汉妇婀娜羞涩。屋内有男女娃子五六人,磨谷煮菜,宰羊献酒,系入山之后第一次大餐。

丁家坪西行六十里到捉脚拉达。此为一小村落,打吉等已先在此等候,相见大喜。离此不远,打吉有娃子某驱一牛过山岭,坠坡而死,因宰牛围食,深夜始入睡。明晨期望登黄茅岗,未明即起,但因行不久有一彝人揹子脱逃,延误了许多时间,旅行中有种种类似的琐细事件,极是麻烦,但因篇幅有限,未能多述。此去约有百里没有村落,且多穿过老林,下雨时蚂蝗甚多,吮人血肉,有烂至成疮者。午后天黑,我们才走八十里,不能登黄茅岗,就在老林中地名硬里落骨的一个小场上歇下。大家砍拾干柴,烧一堆大火,半御寒冷,半避野兽。没有携带鼎锅,不能烧火煮谷。我们饿了一夜,彝人尚带包谷粑充饥。幸我们有行军床,尚可入睡,惟夜半醒来,头面皆已露淋,身上冷不可支。虽系暑天,地近黄茅岗,海拔将近四千公尺,难怪气候和冬天一样。

清晨起床,打吉叔侄又告失踪。昨夜因彝人揹子伙食事,与打吉发生龃龉,或因翻译王举嵩双方传语不慎之故。蔡姓熟彝为我们揹子,能说五成汉语,秘密告我打吉有些生气。行十余里到毛昔剧烈,将出老林登黄茅岗,阿着哲觉忽喊住一切人夫停下,说前面有冤家,要求我们出一锭银子为买路钱,倮族不用国币,沿用银两。哲觉忽然出此要求,我们极其为难,若应允出银,彝人贪求无厌,此去不堪设想。若不答允,他举枪反叛,我们死无葬身之地。考虑结果,说明我们愿承担此项买路钱,但在雷时打吉未曾提及,没有准备,望保头代出,返雷之后奉还。此事经王举嵩往返翻译,多方解释,始告平息。

本日天气清朗,晨九时登黄茅岗顶上,道途忽变平坦,岗上一带平原细草,凉风吹过甚觉清爽,精神为之一舒。从黄茅岗西行,则为康庄大道,宽度可通汽车,此非入山之人所能猜想得到。从清晨起行,约四十里到消罗,入人家煮洋芋充饥。餐后继续前行,经儿侯村下坡,有一小河,河水尚浅,我脱鞋渡水,到中流时良珍为我拍一照。过河又遇打吉、老穆及其娃子七八人,不知何时先到此等待,于是合队前进。又五十里到之乎者各,已近傍晚,向北过河,明日即可抵达三河以达,里区支村落。阿着哲觉家住女红,由此南行登山,他要在此分路回家。乘我们坐地休息之时,叫翻译前来索取护送礼物。我们事前不知哲觉加入为保头,未作准备,申明礼物寄存雷城,俟本团返雷时补送。谁知哲觉不信,猝然翻脸,破口大骂,王举嵩、胡占云两翻译力劝不听,他走到我们面前举枪相向,我心已着慌,甚为恐惧,惟外表尚称镇定,不作逃避之态,明知走避结果更是不妙。在此千钧一发之时,甚幸原来保头打吉奔来拦着哲觉,且夺去他的枪枝,拉他到远处说话。我心上忐忑不安,两分钟后哲觉不受打吉劝阻,把原送的毛巾一条,狠力的丢向我身上,并且吱哩咕噜的骂了一大顿。事后才听翻译说,哲觉因大怒还我毛巾,叫我也还他路上所摄他的影片,并要求礼物至少十匹布,少了可不成云云。幸在未动武前,打吉又拉着他走了。

后来打吉叫老穆陪着哲觉,自己回来带领我们到附近小屋住下。经过这一场风波,始信保头不可靠。本来每日晚上在辛苦之下,也不顾一群跳蚤的扰乱尽可睡去,今夜在床上辗转不能入寐,刚才的经过历历重现眼前,哲觉粗暴凶狠和打吉奸猾阴险,都是可怕的东西。此时在大凉山中,已是笼中之鸟,他们要变动反叛,我又有什么法子。心内隐忧,不敢告知同行诸人,怕摇动他们的心理。回想前英人布尔克在连渣脑被害,今此地离连渣脑不过东行数十里,又法国传教士在马边附近被吊身死,许多汉人受残害虐杀,我何以不自警惕,反自坠陷阱之中。一夜沉思,百感交集,不觉鸡鸣,又须准备次日的行程,次日的工作。

次日清晨起床由里区打吉率领前行,这时知哲觉已赴女红,远离此地,心上稍觉宽慰。打吉带着我们先到一个小岗顶,指示此间地理形势。从岗顶向北下望,就是昨日沿河而行的三河以哲溪,此溪流入三河以穆河,亦即汉人所称的彝车河,成一三叉河流的汇合处,宛如宜宾的三江口,不过水量甚浅而已。三江口的东坡之上,就是三河以达村,里区打吉的家乡。岗西一带平地,即在彝车河南岸坡上,又是一个村落,名为巴铺,系保头老穆的家乡。两村遥遥相对,都是里区支的地域。

彝车河北岸坡上名以鲁者,为里区支白彝的村落。以鲁西面为白彝苏甲支,再往西行则为黑彝阿侯支地面,与西康昭觉一带的彝人相连续。彝车河流入美姑河,美姑河东南行流入溜筒河,溜筒河又东入金沙江,始脱离彝人的区域范围。

我们下岗渡过三河以哲溪,上坡就到三河以达村。凉山中村落,住屋全系散开,没有两户相毗连的。住屋四围都是田园,多数种包谷和荞子。但是此村却有许多水田,产红米,我们曾在打吉家吃过,米粒粗大,味甚甘美。由此可知凉山土地的肥沃。

打吉的住屋有许多特色,和其他住屋不同,也是彝汉文化综合的表示。本来大凉山住屋都是土墙木顶，墙角筑一保垒。打吉的住屋却为瓦顶，前面为砖墙，中建石制拱门。门顶一石雕刻"一品当朝"四个汉字，两边联句则为"门钱当门一品水，坐厚高山出贤人"。屋为汉娃所建，稍读汉书，文句不通，别字层出。入门即见前后两进，前进有天井亦汉式，两旁为牛马羊猪之栏。后进为住处，排列布局全为彝式，左卧房中锅装右石磨等。

打吉住屋，因系新近建成，比较干净，也很宽大。锅装石片刻有禽兽花草，别生风致。打吉把雷波带来的草席，铺在锅装的后边，并请我们坐下休息，这是尊敬贵客的礼节，好像白彝招待黑彝一样。同时献酒我们，屋内无论何人都分一杯，黑白彝一视同仁，并以糖果分赏孩子。彝家惯例有饮食必赠在座诸人，即娃子亦不向隅，这也是黑彝系维白彝的一个法子。

村内来探视打吉的人，愈来愈多，主人主妇连连倾酒相待。主妇当然就是打吉的妻子，为恩札氏，态度颇严正，不大说话，打吉出外已有三月，相见却不交一语。

当晚打吉准备送菩萨，也就是送鬼。按彝人送鬼请笔母举行，有两种方式。第一种是疾病，打冤家或其他凶事发生的时候实行。第二种系有定时，每年阴历三月间七月间和十月间共举行三次，这是送平安菩萨。今年因打吉出外太久，延搁到七月底归家那天才实行。送鬼用一鸡一羊。另外打吉命娃子等再缚一只大羊，说是敬献我们。我嘱翻译王举嵩力劝不住。彝人的敬客礼节，由此可见一斑。一夜消耗两只羊，大家分食醉饱。餐后笔母一再作法念经，时至午夜，尚未停止。我旬日来因攀山越岭，疲劳太甚，想躺在床上尚可观察一切举动，谁知自己朦胧睡去，却牺牲了最精彩的门外送鬼的一段仪节。

打吉很优待我们,对于我们的考察工作也尽力帮忙。他曾几次召集村内彝人,解劝他们作体质测量。有些彝人对测量抱着极端怀疑的态度,以为测量仪器,即不啻为摄魂的工具,被测之后必魂去身死。因是不可理解的彝人,我们并不勉强他们。肯受测量的彝人,每人送他们一包针线。保头有时带领我们环视村落,访问其他住户。他又常派一个汉人娃子作我们的乡导。这汉娃原姓胡,民八年之变在山棱岗被捆,迄今已二十余年,在此成家生子,对凉山内情甚熟识,从他口中得着许多的消息。未入凉山之前,边区朋友曾有托访家人戚属在彝地为娃者,我们一一转托这位胡乡导作线索,安排秘密聚会的时地。此事要秘密进行,如果彝人主子知道,不但对汉娃不利,即是我们考察人员也有危险。

在三河以达村附近,无论山上田野,我们不知遇见多少汉娃。神貌服装都已彝化,不可分辨。但是他们见着我们,知为汉人,即开口接谈,表示亲密态度,有时凑巧旁无彝人,即托我们想法赎出,稍有知识者则望军队进攻凉山。许多青年男女,初入彝地,被迫在山上砍柴割草,遇见我们即流泪满面,哭不成声。我亦曾几度心酸,但定神一想,若欲有效的援助他们,只有先履行目前考察的任务。

过两天保头老穆来了,邀请我们到他的村上耍去。本团人员就离开三河以达,渡过以哲溪,行不上十里之路就到巴铺,老穆的家乡。老穆带领我们到他的父亲约哈的住屋。约哈为人身体魁梧高大,面貌仁慈可亲。我们送上盐、布、镜子、剪刀、丝线、罐头等各色礼物,约哈表示欢喜态度,即命娃子宰羊杀鸡,又是一场宴饮,尽情招待。我们有一个老年揹子,从雷波随到彝地,因要取暖,却从锅庄上面跨过,犯了彝人禁例风俗,约哈父子碍于我们情面,不敢发言。我命老揩子走来,当场责骂,约哈反而劝慰说明无妨。老主人见我们深悉彝情,欣悦状态,溢于言表。

在巴铺又是一番考察测量,询问探查。有一次老穆带我到他自己的住屋坡下,勘察地形,这是一个平坝子,中植杨柳数千株,树林左边是一个天然的大池子。从坡上下望,池水树影,掩映生色,形成一幅绝妙景致。老穆问我此地可否盖一个小学,并问政府能否来此兴办教育事宜。我听见极为高兴,知彝人有向慕汉化之心,就极力说明教育的重要,并代他计划兴建小学,地点在此最为合宜。按巴铺有五十户,三河以达三十三户,以鲁三十一户,之乎者各二十五户,女红四五十户,尚有其他附近村落都能在一句钟左右抵达这个坝子上。后来打吉也谈到这问题,极望此地有学校的成立。彝人既有向化之心,我们自应极力成全他们的愿望。

未入凉山之前,本想从雷波入大凉山,再北行出马边。后因马边西面支系复杂,恐花耗太多,我们限于经济,又因时间短促,所以决定再折回雷波。在三河以达与巴铺作毕考察之后,打吉等劝我们西行出昭觉,由西康回蓉。并云此去昭觉,不但路比雷波为近,且沿途平坦,易于行走。我细想从昭觉北行,交通亦不便,恐贻误时日,仍回雷波为是。我们正在讨论之际,阿着哲觉从女红村赶来,极力游说打吉等率领我们经过女红登山由省已翻黄茅岗出粒米,然后向雷波走去。这提议我反对,因不知哲觉这几天排布什么骗局,万一坠入诡计,岂不自投罗网。后从老穆的伯父笑哈设计建议,由北路返雷。

出山第一日清晨从三河以达攀登村后山岭,向东北行,经过葡千、葡萄以打、怕托诸村落,傍晚抵达特喜,就在一个白彝的住屋歇下。保头嫌住屋太窄,率领彝娃另寻住处,所余者只本团人员,翻译揹子等。当晚住屋主人为一老太婆，同住一个少妇系她的女儿，刚从夫家归来，另一少妇不满二十岁，为新娶的儿媳，儿子出门，屋内没有男人。我们搬出针线、徽章、玩物等，劝请姑嫂二人奏演彝家音乐。两位少妇轮流吹奏口琴，声音清脆可听，每奏一曲皆有意义，由翻译传达，我等极为称赞。口琴有两种，一为竹片，一为银片，都藏于圆管内，挂在衣袖边，取拾方便，最后我们取出丝线共红、黄、蓝、紫四色，鲜艳夺目，为彝妇最爱好的东西。我们说明以丝线交换她们的锅装舞，姑嫂二人最初表示羞涩，不肯起舞，老太婆贪想丝线有些心急，自告奋勇，单人舞蹈，但我们未表满意。经过数度催促，又由翻译敦劝，姑嫂才肯答允，起立跳舞。少妇二人在锅装前面，同时舞蹈高歌，一唱一答。可惜秃笔不能表达歌声与舞状，惟闭目回忆，活泼姿态，隐约尚在眼前。

次晨早行，越三十里到黄茅岗，大雾降临，对面不见人形。从岗顶慢下东坡，都是一片森林。彝人揹子背着行军床与我二人前行，其他人员皆落后。我们走到深林中，坡下忽来彝汉一名，骑着一匹黑马，见我们立刻下马，拦着去路，要求放下行军床。我命揹子冲上前去，这大汉却跑到我面前，幸揹子打彝语说明我系汉官委员，汉子迟疑半晌，我就趁势夺路而走。后来打吉告我骑马大汉为黑彝恩札娃儿，著名的叛徒，曾吊杀住马边的法国传教士，我闻之不禁吐舌。

傍晚过大小谷堆，为山谷中沃地，大谷堆住户三十五家，小谷堆三十一家，皆分布平坝斜坡之上。晚宿作家窝，七八户人家，夜半闻枪声数响，惊呼良珍并翻译等，皆熟睡不答。

出山日行百里，路经压岁只、革舌、田家湾等地。过山稜岗时，环顾故城荒草，不胜感慨，城内红墙一道，尚依稀可辨识，余皆无所存留。

最后一日由作儿窝出发，初有小雨，渐降渐大，行二十里到大火店，只有二三彝户人家。此去登危岭，山稜岗未失时有大路可通雷波，今皆荒芜不可辨识。保头打吉自告奋勇，在老林丛草中摸路而行，我们跟着前进。到山顶见大石磨一个，知为危干巅故址。这时狂风骤雨大作，寒冷入骨。老措子经不住风雨冷气，数度跌倒，我命其他措子分担他的行李，嘱他空手前行。谁知他已啼泗交流，抖竦不已，我环问谁肯脱衣救命，没有人肯答应。自顾外面雨衣，全已湿透，无补于事。内部毛衣衬衫下至裤袜也全部浸贮雨水，所幸尚有贴身背心一件未湿，稍存温暖。不过略停片刻，已是寒气侵向心内，令人不能立脚。后来出资百元，向一彝人租得氆衣一件给措子披上。打吉即率我们急急前行，因手足已将僵硬。行走不过数十丈之地，后面彝人喊打吉对话，打吉转告我们说老措子已死。我初听未免心上震酸，但转想寒冷不会使人死得这样迅速，立嘱翻译王举嵩回去看视一下。王氏一闻死讯，面如土色，口不能言。但忽又听得呜呜哀鸣声，方知老措子尚未死去，于是出二两银子（当时国币三百二十元）雇一随行白彝背着老措子下山。原来老措子骨硬不能行，假装死态，租衣彝人见他已死，即将所租氆衣剥去，因此老措子不得不喊叫救命。到夹夹石天色已黑，该处为雷波北山上哨站，有一班军士把守。连夜下雷波，我当日受冷伤风，旬日后始愈。

本团原定九月五日返雷，路上延搁几天，县长甚为焦虑，王雨菴先生尤其着急，到处探询消息，深恐我们出事。到此故旧相见大喜。在雷备办送保头一面红缎旗，中绣"汉彝一家"各字，下款燕京大学边区考察团敬赠，另外更以钟、表、剑、刀、布匹等为酬谢礼物。

十三日离雷转道秉彝场出中都,适逢屏山、马边、沐川三县长和抗建社吕镇华经理在中都开联防会议,吕氏被举为联防主任,见面相谈大喜。次晨吕氏派团兵十余名护送我们越五子山出沐川,此非防彝,乃防土匪劫路。由沐川北行经犍为、五通桥,到嘉定,沿途甚平坦。二十六日始抵达成都。

索　引[*]

A_1	按曲		C_{18}	蕨箕坪
C_1	菖蒲田		C_{19}	中和庄
C_2	昭觉		C_{20}	中母鸡梁子
C_3	城子		C_{21}	中山坪
C_4	雞耳湟雞		C_{22}	中都
C_5	吉比倮子		E_1	峨边
C_6	夹夹石		E_2	恩扎瓦西
C_7	荞坝		E_3	兒侯
C_8	千万贯		E_4	二坪
C_9	知午角		F_1	分水岭
C_{10}	锦屏山		F_2	凤村
C_{11}	金沙江		H_1	哈木烈
C_{12}	井桧		H_2	海脑塌
C_{13}	箐口		H_3	黑角
C_{14}	捉脚那达		H_4	合敢
C_{15}	舟坝		H_5	火谷
C_{16}	竹核		H_6	锡圈滩
C_{17}	祝侯捷		H_7	西溪河

---

[*] 索引为原书编排，应按照的是威妥玛式拼音顺序排列。——编者

H_8	西宁	L_3	滥坝子
H_9	西宁河	L_4	老场
H_{10}	西苏角	L_5	勒加母
H_{11}	西苏河	L_6	雷波
H_{12}	夏溪	L_7	力克俄门
H_{13}	向我铺	L_8	利店
H_{14}	小谷堆	L_9	列日米的
H_{15}	消罗	L_{10}	连渣脑河
H_{16}	小屋基	L_{11}	林桥
H_{17}	新场	L_{12}	流中塘
H_{18}	新店子	L_{13}	罗三溪
H_{19}	胡家堡子	L_{14}	卢蒿溪
H_{20}	洪雞	L_{15}	龙头山
H_{21}	黄乡	M_1	马卡哈落
H_{22}	黄龙滩	M_2	马颈子
H_{23}	黄茅岗	M_3	马湖
H_{24}	黄丹	M_4	麻柳湾
H_{25}	黄草坪	M_5	玛瑙
J_1	日甫他孤	M_6	马边
J_2	若谷也打	M_7	马边河
K_1	乾河沟	M_8	马使足敢
K_2	苦蔄汎	M_9	蛮溪口
K_3	牯牛坝	M_{10}	蛮路口
K_4	过一出	M_{11}	冒水孔
K_5	关上	M_{12}	美姑
L_1	拉里沟	M_{13}	美姑河
L_2	拉米	M_{14}	磨石

索 引

M_{15}	母吉		S_{13}	梭梁子
M_{16}	母狗坡		S_{14}	司各角
M_{17}	沐川		S_{15}	四块坝子
N_1	楠木坪		S_{16}	撕栗坪
N_2	牛牛坝		S_{17}	撕栗沱
N_3	女红		S_{18}	司米时
P_1	扒哈		S_{19}	斯的力吉
P_2	巴铺		S_{20}	死巴吉
P_3	豹口梁子		T_1	大角溪
P_4	伯夷柁妥		T_2	大风顶
P_5	白克瓦以		T_3	大火店
P_6	秉彝		T_4	大谷堆
P_7	屏山		T_5	大母鸡果子
P_8	平夷		T_6	打南门
P_9	葡干		T_7	大坪
S_1	三河口		T_8	大岩洞
S_2	三河以达		T_9	大有岗
S_3	三稜岗		T_{10}	塔干坪
S_4	石角管		T_{11}	倘白暑力吉
S_5	十且倮哥		T_{12}	特喜
S_6	石筍岗		T_{13}	梯子岩
S_7	十低		T_{14}	田家湾
S_8	时哔日打		T_{15}	靛蓝坝
S_9	水碾坝		T_{16}	丁家坪
S_{10}	双河口		T_{17}	柁足红
S_{11}	宋家村		T_{18}	菜子埧
S_{12}	绥江		T_{19}	寸腰滩

143

- T_{20} 紫金岗
- T_{21} 慈竹坪
- T_{22} 子埧
- W_1 洼海
- W_2 万石坪
- W_3 文水镇
- W_4 乌角
- W_5 兒乌果
- W_6 五宝山
- W_7 五子山
- W_8 乌抛山

- Y_1 羊子桥
- Y_2 耶路那达
- Y_3 野鹿埧
- Y_4 烟峰
- Y_5 烟峰山
- Y_6 夷车河
- Y_7 依你溪
- Y_8 羿子村
- Y_9 油榨坪
- Y_{10} 月儿埧

附　录

凉山彝族今昔*

一

1943年夏季,我进入了中国西南腹地大小凉山,初访彝家,至今,岁月流逝已经整整40年了。那次深入凉山调查之后,写出了《凉山彝家》一书。我在该书1944年序言中说:"我于十余年前曾经梦想过游历凉山深入'罗罗国'**,外人所谓独立罗罗的区域。抗战以后,辗转川滇从事任教,于是很有机缘亲历伟大的西南后方,去年夏天前往凉山彝区考察,因而实现了从前的梦想。"在那个时代,能顺利平安地进出凉山,确实是许多人的梦想,我也为这次梦想付诸现实而激动不已。自那以后,我不时又渴想着有另一个机会,重访凉山,再探彝家。1949年中华人民共和国的成立,使我这一夙愿成为随时可以得到满足的现实。通往凉山彝家的路,已由"难于上青天"的险阻变成了近在咫尺的坦途。可是,由于其他方面的研究工作,使我只好将这一夙愿搁置一边。直到1975年,也就是我初访凉山之后的33年,我才再访凉山彝家。33年,不过是

---

* 本篇据商务印书馆1995年出版的《凉山彝家的巨变》的第二编排印。——编者
** "倮倮"一词在1995年出版的《凉山彝家的巨变》中均改作"罗罗",因不同时代语言习惯、用法不同,故本书保持原貌,不做统一处理。——编者

历史长河中短暂的一瞬，但对于凉山而言，却是发生了翻天覆地的历史变革。恰如一个刚会走路的孩子，33年不见，已变得你不敢相认。再访凉山，前后对比，我不能不油然而生"沧海桑田"之慨！我试图去摸一摸凉山彝家那历史飞跃的脉搏，然而，我又像一个医术不甚高明的大夫，摸不准，看不透。1975年，不要说凉山，我们整个的国家脉搏的跳动，也不无时无刻地使我感到惶惑。凉山彝家今昔的题目拟好了，但我怎么也理不出一个清晰的线索。这又使我产生了一种痛楚之感，我只好自我谴责没有尽到一个民族学者的职责。不过，我很快地就给自己找到了一个对于痛楚之感的安慰：我两进凉山的经历，本身就展示出了凉山巨变。且不说交通的方便使调查成了心旷神怡的旅游，回想一下33年前，那种不惜生命安危的"探险"对于今日的年青人都是不可思议的事情。当年，使用重金聘请，经过盟誓，请了黑彝"保头"，才能走上危险的山路。今天，哪怕是急症突发，不出凉山，也不会有什么生命危险。想一想这两次旅程，真有下地狱和上天堂的差距！还有一点，我难以忘怀。33年前，为上凉山，我们准备下许多彝家奇缺的布匹、盐巴、食品，乃至于剪刀、针线充做礼物。记得我当年夜宿马家湾村，住在一个彝族同胞家中，当我们向主妇赠送剪刀和丝线时，她狂喜大呼。33年后，不要说这些普普通通的日用品，就是半导体、自行车、手表等，在凉山彝家也不是稀罕之物。仅凭这两点，我敢说，只要是解放前进过凉山的人，都不能不得出天上人间的感慨。但是，再访凉山，给我也留下了不少困惑不解的印象，因而，我终于把凉山彝家今昔的题目搁置一边。1976年10月，打倒了"四人帮"，我心中的疑团逐个解开。在十年动乱中，凉山彝家也是在劫难逃！自1978年12月，中国共产党的十一届三中全会召开以后，神州大地万象更新。对于凉山彝家怀有特殊感情的我,不时地为从凉山传来的新消息所激动。这几年,我的同事们一次又一次地进出凉山,他们向我提供了许多今日凉山的情况、数字①。正因为如此,我又把搁置七年的凉山彝家今昔的题目再捡起来,希冀通过我自己的切身调查材料谈出一点体会,或许对方兴未艾的凉山研究能起到微小的推波助澜的作用罢!

二

彝族是我国多民族大家庭中人口较多分布较广的少数民族,总人口共5,453,400多人(1982年),居住在我国川、滇、黔、桂四省(区)。四川省的大小凉山、云南省的小凉山是彝族主要聚居区。大小凉山地区,处于青藏高原东缘、横断山脉北段,云贵高原和四川盆地之间的过渡地带,高山耸峙,峡谷纵横,最高处是纵贯南北的黄茅埂*,此处海拔3,500公尺。凉山彝族自治州面积七万余平方公里,辖有西昌市以及昭觉、美姑、金阳、普格、喜德、越西、甘洛、布拖、雷波、西昌、德昌、冕宁、宁南、会理、会东、盐源、木里藏族自治县、马边、峨边②等20个市县,共有彝族1,360,579人。其中昭

---

① 特别是1982年初中央民族学院民族研究所吴恒副教授在凉山进行一次最近的深入调查所提供的材料,以及本所研究生祁庆富同志协助搜集整理原始资料,我在此表示衷心的感谢。

* 前文《凉山彝家》中"黄茅岗"在1995年出版的《凉山彝家的巨变》中均改作"黄茅埂",本书保持原貌,不做统一处理。——编者

② 当时,马边、峨边两县由四川省乐山专署代管,后来于1984年10月5日成立峨边彝族自治县,1984年10月9日又成立马边彝族自治县。

觉、美姑、喜德、布拖、金阳等县大约二万平方公里的大凉山腹地,彝族人口最为密集,占当地人口百分之九十以上。这里的彝族以农业为主,兼事畜牧。我解放前后两次旅行考察,主要在昭觉、美姑、雷波三县。

彝族是我国一个古老的民族。根据汉文和老彝文历史资料记载,彝族和白族、纳西、哈尼、拉祜、傈僳等族先民和分布于我国西部的古代居民氐、羌有着密切的渊源关系。在公元前二世纪至公元初期,彝族先民早就活动在金沙江南北两岸的广大地区,滇池和邛都(今四川省凉山彝族自治州首府西昌市及西昌县一带地方)便是比较聚居的两个区域。从唐代(618—907)开始,彝族以"乌蛮"或"东蛮"这些名称见著于汉文史籍并已成为凉山地区的主要居民了。彝语属汉藏语系藏缅语族彝语支。在长期的民族形成和发展过程中,彝族融合进大量汉族和其他少数民族。1943年调查过程,我对彝族特别是黑彝亲自做过人类学的体质测量。我在《凉山彝家》中,已经指出:"黑彝贵族为彝中统治阶级,也是真正的罗罗氏族。按作者测量观察的结果,黑彝为蒙古种人种(Mongoloid),许多体质特征与汉人相似,诸如体高,毛发鲜少而色黑,棕色眼睛,头面轮廓等,尤其蒙古眼褶系十足蒙古种的表现。以前西方学者从简陋的旅行观察,云罗罗为高加索人种(Caucasoid),其说至为误谬。"①彝族自古以来就是中华民族大家庭的成员。国外曾经有人散布的所谓"独立罗罗",是根本站不住脚的,所以这一说法已被学术界所摒弃,这是理所当然的事。

自本世纪初起,海内外对于凉山彝族的考察和研究日渐重视。

---

① 见本书第77页。

由于历史条件、地理环境和社会局势等种种因素交织在一起,在某一历史时期,凉山成为一个令人瞩目的神秘地带。1943年,我初进凉山之前,也有着一种难以捉摸的神秘感。不过,任何一个民族,不论其大小,也不管其自身发展具有多么大的特殊性,都超脱不了人类社会发展的必然规律,正如恩格斯所指出的:"历史上依次更替的一切社会制度都只是人类社会由低级到高级的无穷发展进程中的一些暂时阶段。每一个阶段都是必然的,因此,对它所由发生的时代和条件说来,都有它存在的理由;但是对它自己内部逐渐发展起来的新的、更高的条件来说,它就变成过时的和没有存在的理由了;它不得不让位于更高的阶段,而这个更高的阶段也同样是要走向衰落和灭亡的。"①凉山彝族社会不管多么神秘,但只要走进去,就会看到它的历史发展的必然性。我在1943年的亲身调查的基础上,对于凉山阶级制度的特点有了初步的感性认识。通过国内许多学者的深入调查和研究,今天我们可以肯定地说,凉山特有的阶级制度只不过是人类社会发展的必然阶段——奴隶占有制社会。

三

奴隶制是人类历史上第一种剥削形式的社会经济形态。恩格斯在《家庭、私有制和国家的起源》中说过:"随着在文明时代获得最充分发展的奴隶制的出现,就发生了社会分成剥削阶级和

---

① 恩格斯:《路德维希·费尔巴哈和德国古典哲学的终结》,《马克思恩格斯选集》第4卷,第212—213页。

被剥削阶级的第一次大分裂。这种分裂继续存在于整个文明期。奴隶制是古代世界所固有的第一个剥削形式;继之而来的是中世纪的农奴制和近代的雇佣劳动制。这就是文明时代的三大时期所特有的三大奴役形式;公开的而近来是隐蔽的奴隶制始终伴随着文明时代。"[1]如果把凉山彝族奴隶制和欧洲古代希腊罗马的奴隶制相比较,尽管在表现形式上有这样那样的不同(例如希腊罗马奴隶制是在原始公社彻底崩溃的废墟上建立起来,在那里,农村公社彻底崩溃了,农业和手工业分工明确,奴隶制商品经济发达,奴隶数目繁多,血缘组织完全为地缘组织所代替,而凉山彝族奴隶制则带有较浓厚的原始公社的残余痕迹,在那里,农业和手工业密切结合,奴隶制商品经济十分不发达,奴隶在人口比例上不如希腊罗马之大,以血缘为纽带的家支组织在社会中还起着支配的作用,等等),但是两者都是奴隶占有制社会,在本质上是一致的,它们都是建立在少数的奴隶主阶级对广大奴隶和劳动群众的统治和专政的基础之上的。由于上述种种的特定的历史原因以及历史上长时期的民族仇杀和反动统治,导致凉山彝族奴隶制一直延续到本世纪中叶还继续存在,这在世界史上不能不说是一个奇迹。职是之故,它越来越吸引着中外学术界的关切与瞩目。当然,这是从学术研究的角度而言。但是,对广大彝族人民的命运来说,这种延续数世纪之久的奴隶占有制度对他们并不美妙,它不仅没有给彝族人民带来什么幸福、富足和繁荣,相反的是黑暗、苦难、愚昧和落后。凉山彝族社会的发展,落后了历史发

---

[1] 恩格斯:《家庭、私有制和国家的起源》,《马克思恩格斯选集》第4卷,第172页。

展脚步两千年。凉山彝族奴隶制是在一种特殊的历史条件下延续残留下来,因而它独具着自身鲜明的特点。

首先,在凉山彝族奴隶制的社会里,奴隶主阶级和奴隶阶级的矛盾对立,是这个社会的基本矛盾。但是,这个社会又有这样一个特点,即这种阶级关系是通过特有的森严的等级关系表现出来。整个社会按照生产资料占有状况和在生产中的地位以及血缘关系等等,严格划分为四个等级:黑彝、曲诺、阿加和呷西。这里,黑彝是地位最高的统治等级,其余三个是被统治等级,不同程度地受着黑彝的剥削和统治。统治等级"色颇"(主子)和被统属等级"节伙"(奴隶)之间的等级界限是不可逾越的鸿沟。黑彝的等级决定于血统,是确定不变的,其他等级永远不能上升到统治等级的地位,用奴隶主的话说:"黄牛是黄牛,水牛是水牛",绝对不容许混淆。每一等级按照其血统成分、生产资料占有的情况及其在生产中的地位,基本上都属于特定的阶级地位——奴隶主、奴隶和由于经济分化而出现的中间阶层劳动者。

下面让我们来看一下各个等级的具体情况:

黑彝,彝语叫"诺伙",是"黑"或含有主体的意思,为最高的等级,也包括"兹莫"(汉译土司、土目、土舍的统称)在内,基本上是奴隶主阶级,占总人口百分之七左右。黑彝不同程度地占有其他三个等级的人身,占有百分之六十至七十的耕地和大量的其他生产资料。我在《凉山彝家》中写过:"黑彝拥有土地牲畜,自居地主地位。锅装娃子为其奴隶,耕牧劳作,服侍主人,即身体亦为主人财产的一部,可以随时变卖转让。"[①]黑彝是天生的贵族,自称血统

---

① 见本书第78页。

"高贵"、"纯洁",绝不与其他等级通婚。他们认为劳动是下贱的事情,完全依靠剥削抢掠为生。他们为了扩大自己的财富,不但残酷地剥削和压迫奴隶,而且经常向邻近地区挑起冤家械斗,掠夺人畜财产,尤其是在周围汉族地区掠夺人口,当我初入凉山在雷波县城暂住的时候,往往夜半枪声大作,城外就有人家被掳去当娃子。当地汉人把这种奴隶称为娃子。1930年4月在雷属蛮溪口有某垦社垦民200余人被掳上凉山,变卖各散四方,沦为娃子。黑彝是凉山社会的主宰者。黑彝中之有权势者,汉人称之为"保头",彝人则称之为"硬都都"。(我初进凉山,就是聘请了三个黑彝保头护送进山。即便如此,也还有随时被黑彝抓去当娃子的危险。因而,在进山前,我写两封快信,一封寄给重庆的妻子,一封寄燕京大学法学院院长,通知他们入山日程,黑彝保头的支系姓名,办理彝务的介绍人等等,以防意外发生,寻找补救的办法)。黑彝的贵族等级身份,是世袭的,即使其中有的成员经济衰落,也不会失其等级身份。而他们往往可以凭借其等级特权和家支势力,东山再起。

曲诺,彝语含有"清白人"之意,它是被统治等级中的最高等级,汉语称"白彝"或"百姓娃子",约占总人口的50%,是凉山奴隶制等级阶梯中人口最多的一个等级。曲诺是凉山奴隶社会中的生产劳动者,在人身上依附于黑彝。我在《凉山彝家》中记道:"到了百姓娃子的地位,经济上取得独立,但一切举动仍须听命于黑彝主人。若有抗命或得罪黑彝,必受责打,甚至枪杀。"[①]这里所说的"经济上独立",不过是表面的,形式上的自立门户,有一定财产,但本质上仍是奴隶制度下的隶属民。他们只能在黑彝主子辖区内迁

[①] 见本书第79页。

徒,并要向主子送礼和服无偿的劳役,承受主子的强制性高利贷,出卖土地必须征得主子同意,一家人如死绝,其遗产必须归主子所有。另外,黑彝在打冤家时,曲诺得替主子卖命。但是,曲诺有相当程度的人身自由,有自己的家支,主子不能随意杀害和变卖,不能把他们和他们的子女随意拉去做呷西(家奴)。他们有自己的财产,并可占有阿加和呷西。有少数曲诺已上升为奴隶主。他们占有20%左右的阿加和40%左右的呷西。尽管如此,他们自己的等级却永远不能上升。但少数曲诺由于负债等原因,其等级地位还要下降。

阿加,是彝语中"阿图阿加"的简称,意为"主子门里门外的人",汉语称"安家娃子"。阿加占总人口的33%,人身严格隶属于奴隶主,他们是奴隶主为了奴产子、增殖小奴隶的目的而强制加以配婚成家的奴隶。他们完全没有人身自由。他们的子女全部或者一部分可以被主子拉去当呷西和陪嫁丫头。属于两家主子的阿加结婚,所生子女由两家平分。他们必须住在主子宅旁,供主子随时使唤,为主子服大量劳役。即使他们有自己微薄的经济和少量的财产,但主子随时可以夺取。阿加人数虽少于曲诺,但他们是奴隶主剥削重担的主要承受者,也是主子物质财富的主要生产者。在奴隶主看来,让阿加成家并有一点财物,不仅便于束缚住他们,而且还可以为主子繁殖小奴隶。至于那一点微薄的财产,也不过是主子随心所欲,予取予夺的"外库"。

呷西,是彝语"呷西呷洛"的简称,意为"主子锅装旁边的手足",因此汉语称为"锅装娃子",在云南小凉山,汉语称为家奴,约占总人口的10%。呷西主要来源,一是从外区掳掠来的以汉族为主的外族人,二是抽来的阿加子女,三是来自少数破产下降的曲诺,四是在冤家械斗中俘虏来的对方成员。呷西完全没有人身自由,也没有任何财产,他们是受压迫最深的苦难奴隶,在主子的直接监督下,从事家内和田间劳动。他们最受贱视,可以像牲畜一样被主子任意买卖、抵押、奴役甚至被杀害。我在《凉山彝家》中说过:"黑彝对锅装娃子大有生杀予夺之权。"①在黑彝奴隶主心目中,他们被看作是一种"会说话的工具",像牛马一样的财富。我在《凉山彝家》中也提到"黑彝优待奴娃"的情况,诸如锅装娃子衣食皆赖主子供给,甚至客人送礼给主人,也要带娃子一份。这种情况并不说明黑彝奴隶主对锅装娃子有什么慈悲之心。只不过说明奴隶主对于锅装娃子这种活的财产,不会轻易的损失,恰如奴隶主对于牛马一样。正因为如此,奴隶主并不是轻易杀害他们。呷西是凉山彝族奴隶社会中最低层的等级,过着牛马不如的生活。呷西经过主子配婚后,可上升为阿加,而阿加也随时可以下降为呷西。

等级制度是赖以维系凉山彝族奴隶社会的根本。这种等级制度,又和血缘纽带紧密相关。黑彝常说:"人由种,水由泉。"血缘因素或者说血缘纽带是决定凉山彝族等级制度的基础。因此,尽管各个等级中少数成员的阶级地位,由于经济状况的改变而发生了变化,但是,黑彝等级与其他等级的统属与被统属关系始终不变。所谓"牛再有力气,也跳不上坎子"的谚语,的确很形象地说明了被统属的等级不能突破等级界限。民主改革时所划分的阶级,说明凉山彝族的等级和阶级的区分,虽然经过历史上的错综复杂的情况,大体上还是一致的。奴隶主阶级包括绝大部分黑彝和一小部分富裕曲诺(不超过曲诺等级总户数3%),只占凉山彝族总户数

① 见本书第79页。

5%。奴隶阶级包括全部呷西和绝大部分阿加以及一部分贫苦的曲诺,占总户数70%。中间阶层劳动者包括一部分曲诺和少数阿加以及小部分贫困黑彝,占总户数25%。因此,我们也可以说凉山的等级制度实际上也就是在特殊情况下的阶级制度。

其次,在凉山彝族地区,由于配合森严的等级划分,产生了一套彝族所特有的社会政治结构,便于黑彝奴隶主能够对其他三个等级实行严格的专政统治。这套结构就是以黑彝父系血缘为纽带的家支制度。所谓"家支",即依据父系姓氏分为若干家族,家族又分为若干支族,汉语称为家支,是凉山彝族所特有的一种制度。每一个家支有固定的地域范围,可能包括好几个、十几个甚至几十个村寨,有时这些村寨并不是连成一片,而是分散到各处不同的区域。我在《凉山彝家》中写的"氏族"一章,现在看来提法不甚准确,那里描述的实际是家支,虽然家支的源流来自原始时代的父系氏族,但它的性质和作用已经改变了。解放前凉山彝族还没有形成黑彝奴隶主的统一政权组织,但是为等级制度服务的家支组织,尤其是黑彝的家支起着阶级专政工具的作用。家支之上没有统一的政权组织,不同的家支之间不相统属,各自为政,彝谚所谓"鸡蛋、鸡蛋一般大,黑彝、黑彝一般大"。表示黑彝之间,彼此地位平等,没有高低之分。然而家支对它所有的成员都具有一定的约束力。每一个家支都有头人,一般称为"硬都都"。我在《凉山彝家》中对于"硬都都"做过许多详细的描述,曾举三河以达的首领里区制铁为例,制铁当年为三河以达村最有力的黑彝,人们咸称之为"硬都都",形容有势力权柄之人,权势愈大,则其人愈硬,里区制铁后来病死,他的权势也随着他的死亡而消逝。因此彝家首领的地位,必从个人能力得到,这地位至多维持终身,不能传袭。家支头人是自然形成的,黑彝家支中谁的能力强、威信高,办事有成效,就可能成家支头人。家支内的重大事件,由头人召集家支成员大会讨论解决。宣扬血统纽带,以血统"神秘"为精神支柱的黑彝家支,实行严格的等级内婚和家支外婚。不同家支之间往往为了争夺奴隶、土地或财物而发生械斗,这叫作"打冤家"。有的冤家械斗延续几年乃至于几代人之久。黑彝全体男性成年人组成武装,打冤家时必须带头。曲诺有义务为黑彝奴隶主作战卖命。家支内部对奴隶的统治或镇压奴隶的反抗,也赖家支武装力量来实现。他们设有监狱,实行残酷刑罚。为了长期保护血缘纽带,彝族家支实行父子连名制,迄今有的黑彝还能够背诵父祖辈的名字达七八十代以上。

一个是等级、阶级制度,另一个是家支制度,二者结合起来,构成凉山彝族奴隶制的统治基础的核心。其他一切,无论是社会习俗、文化生活、道德规范、意识形态等等,都离不开这两个核心。

我们在探讨凉山彝族奴隶制时,还必须注意到它所以能够长期存在的客观历史条件。这里,最值得人们注意的是错综复杂的民族关系。

彝族是凉山地区人口最多的民族。但是,自古以来,凉山地区就是多民族的杂居区,安宁河、雅砻江、金沙江流域是彝族与汉、藏、傈僳、纳西、普米等族杂居的地区。彝族的形成和发展是与多民族的长期同化融合分不开的。而彝汉两族的关系,对于凉山彝族的发展,无论是政治、经济还是文化方面,一直有着重大的影响。追溯上去,中原人民早在秦代(公元前221—前206)就已进入了凉山地区,经过长期的历史发展,形成了彝汉杂居区。我在《凉山彝家》中已举出许多汉人变成彝人的例子。"汉变彝,彝变汉"的民族融合现象,始终贯穿着凉山的历史。彝族的创世史诗《勒俄特衣》中说:彝族和汉族本是"居木武吾"的两个儿子。彝族名叫"武吾格自",挽起草做地界,住在高山上。汉族名叫"武吾拉叶",垒起石头做地界,住在海湖池水边。那时候,水牛黄牛并着耕,耕时在一起,耕完各走各。彝汉相交杂,出门在一起,分散各走各。那时候,彝人说汉话,汉人留彝髻,完全是亲密无间的一家人。这美好的神话传说,反映出彝汉人民历史上的友好关系。他们共同为凉山的开发做出了贡献。由于凉山长期处在中央王朝的封建制度统治之下,凉山彝族奴隶制的发展,不能不受到封建制度强烈的制约和影响。大批汉族进入彝区,带来了先进的生产技术和文化。这对于凉山生产力的提高和进步是有影响的。然而,由于历代反动统治者实行的民族歧视和民族压迫政策,人为地制造彝汉两族的矛盾,形成了历史性的民族隔阂,给凉山彝族人民和周围的汉族人民,都带了巨大苦难。正是由于历代统治阶级实行残酷的种族灭绝和民族隔离政策,不断地对彝区实行"剿灭"、"平服",而凉山黑彝奴隶主为了维系奴隶主专制统治,利用民族矛盾,对周围的汉族实行残忍烧杀劫掠政策,使大批汉人沦落为黑彝的娃子。利用民族矛盾掩盖阶级矛盾,是历代反动统治阶级的惯用手法。我在《凉山彝家》附录《川边考察记行》中指出:"边地居民多恨彝人,每有谈话,皆存偏见。实则,彝人为害并不甚多,而彝汉勾结为害者更多。"①这种"彝汉勾结",就是彝汉反动统治者的阶级联合。只要举一个例子就足以说明问题:当凉山接近全面解放之时,汉族的反动分子,包括国民党的师长、县长、地主恶霸290多人,逃进凉山黑彝统

---

① 见本书第128页。

治中心羿子村,以"结盟"、"吃血酒"等方式投靠黑彝上层,寻求保护,伺机反扑。总之,凉山延续了两千年的落后黑暗的奴隶制,是历代反动统治阶级实行反动的民族政策的一个恶果,希望这种制度继续存在下去的,只是彝、汉等族的反动统治阶级,而不是广大的汉族人民,更不是在苦难中受尽煎熬的彝族人民。

总的说来,凉山彝族奴隶制是很典型的,它的特点也非常突出,在目前的世界上,也可以说是罕见的。列宁在《论国家》一文中提到古代欧洲普遍经过奴隶制,现代非洲还可以找到奴隶制,但他当时还不知道在中国的四川,还保存着这样活生生的奴隶制度。正因为如此,凉山彝族奴隶制却为中外学者所瞩目。

中华民族近两千年的封建社会的进程是缓慢的,她带着沉重的封建主义镣铐,进入了 20 世纪。而凉山彝族背负着奴隶制的枷锁,其两千年的步履,比之整个中华民族更为艰难。马克思说过:"在这种伟大的历史发展中,二十年比一天长,虽然以后可能又会有一天等于二十年的时期"。① 中华民族在中国共产党的领导下,终于走完了"二十年比一天长"的苦难历程。新中国的成立,也给凉山彝家开辟了"一天等于二十年"的新的历史时期。延续了两千年之久的凉山彝族奴隶制,终于在 20 世纪 50 年代,实现了历史的变革。

四

1950 年,彝族人民和全国各族人民一样,在中国共产党的领导

---

① 《马克思恩格斯全集》第 30 卷,第 338 页。

下,随着人民解放战争在全国范围的胜利,终于获得了解放。从此,彝族人民作为祖国民族大家庭平等的一员,获得了新生。1952年10月1日,在凉山初步建立了彝族自治地方政权,到1954年,根据新颁布的中华人民共和国宪法,正式成立凉山彝族自治州,辖有昭觉、布拖、金阳、美姑、普雄、喜德、普格、雷波、马边、峨边、越西等11个县,首府设在昭觉。1979年,为了有利于凉山地区的工业、农业、牧业、林业的综合发展,国务院决定撤销西昌地区建制,并入凉山彝族自治州,这样,扩大了自治区域达到20个市县,首府由昭觉移到西昌市。在中国共产党的民族平等、区域自治政策下,凉山彝族人民真正成为凉山的主人。解放后短暂的30年,凉山却经历了一个从奴隶制向社会主义过渡的历史飞跃,这一历史的飞跃,给凉山带来了翻天覆地的巨大变化。1975年我再访凉山,抚今忆昔,真是感慨万千!我初访凉山时所见到的荒凉冷落、满目疮痍的景象看不见了,那惊恐可怖的惨叫声和如泣如诉的呻吟声听不到了,那打冤家、抓娃子的悲剧再也没有了。如今火车的轰隆声,撕破了凉山晴空的寂静。彝族青年男女载歌载舞的欢乐声,山鸣谷应。我坐在从成都南行贯穿凉山的火车遐想联翩,昔日啊,我由成都启程,历尽千辛万苦,数十天才能通过的蜀道天堑,如今已变成仅用10小时就可到达的快乐的坦途。这条连接川滇两省的钢铁大动脉——成昆铁路,像一条长龙,时而蜿蜒迂回在悬崖峭壁之上,时而挺进在贯通大小凉山腹心的长达6,379公尺的沙马拉达大隧道之中,她的建成是彝汉各族人民共同辛勤劳动的结晶,她的存在本身就是凉山随着时代步伐不断前进的标志,她不仅在地理上大大缩短了凉山同成都和北京的距离,而且在心理感情上进一步密切了彝族同汉族,同其他兄弟民族的联系,从而进一步大大缩短了凉山走向四个现代化的征途。凉山大地上种种变化,对于我这样40年前曾亲历其境的人来说,通过新旧对比,禁不住思潮澎湃,真有隔世之感。例如我在40年前初访时,雷波仅有几千人,现在已是二三万人了。西宁原来只有二十几间茅草屋的"垦民住所",而今成为四千余人的繁闹市镇。那个坐落在山间占地万余亩自然景色佳丽的马湖,过去是反动统治者制造彝汉交恶的鬼门关,白天过此也如惊弓之鸟,不敢住脚片刻,而今正在大修水利工程,汉族、彝族和其他各族工人在共同进行着改造自然的事业。黄茅埂以西,到大凉山中心区的变化更为显著。这里原来是汉人不能进入的地方,进去只有做娃子。而今,彝汉人民共同在这里生活、劳动。当年在三河以达溪流入美姑河交叉口的地方,零散地分布着三个村寨,彝语称三河以达,俄甫和巴普*。那时三个村寨只有百户人家,当年我亲眼在这里看到打冤家的情景。而今,在巴普山下面山谷平坝上,平地屹立起一座人口达万人的城镇,这就是美姑县城。这里市区街道纵横,楼房鳞次栉比,公共汽车、卡车、拖拉机等现代交通工具川流不息。昔日荒凉的山村变成今日繁华闹市,不是亲眼见到,怎能令人相信!凉山变了,凉山大变了!当然,这仅仅是能够见到,能够摸到的物质方面的变化,而在精神方面、人与人关系方面的变化,就更加深刻、更加丰富得多了。但在我这篇短文中,不可能都把这些变化一一介绍出来,现在仅就我个人切身观察体会,谈谈以下几点感受:

首先是奴隶翻身解放。昔日凉山的奴隶,是生活在人间的地

---

* 前文《凉山彝家》中的"巴铺"在1995年出版的《凉山彝家的巨变》中均改作"巴普",本书保持原貌,不做统一处理。——编者

狱。凉山奴隶的苦难,我的《凉山彝家》和其他许多调查已经有了活生生的记录。奴隶们最大的梦想,就是逃出虎口,重新做人。我在《凉山彝家》中写道:"作者所经凉山之区,遇见汉娃不下百余人,皆衣服褴褛,到处操作。有新入山的汉娃,不堪痛苦,见考察团人员,则流泪满面,泣不成声,亦有暗中送信央求脱离虎口之法。"①在三河以达村附近的山上或田野,我们不知遇见多少汉娃。神貌服装都已彝化,不可分辨。但是他们见着我们,知为汉人,即开口接谈,表示亲密态度,有时凑巧旁无彝人,即托我们想法赎出,有的则望军队进攻凉山。许多青年男女,初入彝地,被迫在山上砍柴割草,遇见我们即流泪满面,哭不成声。现在回想起来,当时以我一介书生之力,对于那些在苦难中挣扎的娃子,是不可能有什么援救之策的。当然,这仅仅是民族压迫的一个侧面。另一个侧面,则是汉族统治阶级也在压迫剥削包括彝族人民在内的全国各族人民。历史事实表明,包括凉山彝族人民在内的全国各族人民的翻身和解放,只有通过巨大彻底的社会变革才能实现。呻吟在奴隶制度下面的凉山百万奴隶和其他劳动群众的解放道路只有一条,那就是彻底打碎奴隶制,他们才能砸烂身上枷锁获得自由。这一天终于来到了! 1956 年春至 1958 年春,奴隶群众和劳动人民在中国共产党和人民政府的领导下,采取了和缓的方式,通过和平协商,胜利地进行了民主改革运动,彻底废除了奴隶制度。广大奴隶翻身解放,成了新社会的主人,走上了社会主义道路。我再访凉山,亲眼见到昔日的娃子,今日成了国家干部、工人、解放军和人民公社社员,亲耳听到他们对万恶的奴隶制的控诉和对新社会的称颂。

① 见本书第 84—85 页。

同时,我也见到了许多昔日黑彝的上层人物,他们在改革中受到了教育和改造,党和政府对他们做出适当的照顾和安排,给以生活出路和为人民效力的机会。1981年6月,凉山彝族自治州召开了第四届人民代表大会,自治州州长、人大常委会的主任都由彝族担任,自治州人大常委和副州长中,彝族都占有相当大的比例。今日凉山彝族真正以平等的一员,成为凉山的主人。

其次是经济上的飞速发展。解放前,在奴隶制的束缚下,凉山的生产力十分低下,生产方式极其落后,刀耕火种的原始耕作仍在农业生产中占据主要地位,贸易实行以物易物,交通闭塞,不要说火车、汽车,就连牛车、马车也没有;至于工业,可以说是白纸一张。凉山人民的生活水平低得可怜。民主改革以后,凉山地区走上了社会主义道路,经济上出现了新飞跃,人民生活水平大大提高。随着凉山民主改革的实现,农业上出现了连年增产的局面。1961年,全州粮食总产三亿九千万斤,比1957年增长30%。凉山彝族地区从根本上改变了历史遗留下来的严重缺粮现象,做到了自给有余。特别是党的十一届三中全会以来,贯彻落实了农村经济政策,使农业生产出现了空前繁荣景象。1980年,全州农业总产值418,010,000元,比1976年增长32.43%,粮食产量20.67亿斤,比1976年增长24.44%。大牲畜5,174,700头,比1976年增长14.69%。1980年全州农村社员人平均从集体分得口粮530斤,分配收入80.31元。今日,凉山地区已建立了自己的工业体系,社办的企业普遍开花。1980年全州工业总产值达211,700,000元。集体办的会理县机具厂生产的钢锹已畅销世界七十多个国家和地区。凉山地区昔日闭塞的状态已被密如蛛网的公路所打破,特别是成昆铁路的通车,经过最闭塞的大凉山腹地,直达首都北京。凉山地区形成了一个繁荣发达的商业网，不出公社，就可以买到所需要的日常生活用品。今日在凉山任何一个角落，也不会看到当年我初访凉山时一点针线可以充作厚礼的情景了！这里，自行车、手表、半导体收音机等等，都已成为人民生活的自然需求的东西。在自治州的北边门户有一个小村子叫呷洛，解放初期还是一个贩卖奴隶的"人市"，当时流行一句彝族谚语："石投河中不复起，人卖到呷洛永不还。"因为当时的呷洛只有一道竹篾编的索桥，奴隶很难从这里逃跑。今日，这里已是一个新的城镇，铁路公路大桥飞架。呷洛随着它的新生，也改名为甘洛，1975年我就是从甘洛搭上火车回北京的。抚今追昔，凉山彝家真是苦尽甘来啊！

随着政治经济的发展，凉山的文化也不断进步。在奴隶制度下，不要说白彝娃子，即便是黑彝主子，也都没有受教育学文化的条件。彝族是一个具有古老文化的民族，早在13世纪以前，就创造出被称为"爨文"的老彝文。然而，在凉山的奴隶制度下，老彝文被窒息，得不到发展，成了"毕摩"*（巫师）专有的工具。解放前，凉山彝族只有几所屈指可数的由奴隶主开办的学校，其文化落后程度可想而知。现在，全州基本上做到了乡乡社社有小学，早在五十年代末，自治州已办起了普通中学、中等专业技术学校和民族师范学校。今天在中央民族学院和其他高等院校，见到从凉山来的彝家大学生已不足为奇。在党和政府的关怀下，现在正在推行《彝文规范方案》，彝语文已成为自治州各级国家机关行使职权的重要工具，历史上第一张彝文报纸《凉山报》于1977年创刊，几年来，用

---

* "毕摩"即前文《凉山彝家》中的"笔母"，在1995年出版的《凉山彝家的巨变》中均改作"毕摩"，本书保持原貌，不做统一处理。——编者

彝文编译的学习材料、出版物达50万册。卫生事业也有了根本改变,解放前凉山除了求神送鬼的巫师以外,根本没有医生。今日县县有医院,区区有卫生所。许多彝族传统医药知识,得到了收集、总结和提高。人民的文化生活也得到了改善。自治州有了自己的歌舞团,电影可以放映到每个最僻远的山寨,广播网更是遍布全州。彝族古老的艺术宝库正在被打开,新的创作接连不断。总之,凉山彝家进入了文化繁荣的新时期。

谈到凉山今昔,不能不提到民族关系的改善。过去,反动统治阶级制造的彝、汉隔阂和民族仇恨,随着社会的进步逐渐融释了。我再访凉山,感触很深。随着奴隶制的废除,抓娃子已成为一去不复返的历史。在凉山,我不论是到翻身的奴隶家中,还是见到昔日的黑彝上层,大家都感到是一家人。在1981年6月召开的自治州四届人大会议上,美姑县柳洪区区长罗志武讲,这个区有个尔基大队,山高路陡,几百户彝族社员住在山顶上,吃水非常困难。1979年春,县水电局专门派来汉族技术员和工人,帮助安装了两华里长的水管。彝族社员用上自来水,高兴地说:"用着自来水,就想到了汉族老大哥的深情厚意。"越西县中所区委副书记阿支说:解放前由于反动统治阶级实行的民族压迫政策,造成彝、汉两族的仇杀。现在这个区的新华大队,两族社员生活在一起,有的汉族会讲彝话,所有的彝族都会讲汉话,两个民族亲亲热热,互通有无。甚至从前彝族最反对的彝汉通婚也改变了,真是"冤家变亲家"!在彝族内部,家支之间的打冤家械斗,现在完全不存在了。今日凉山,到处呈现一派繁荣昌盛、民族团结的新气象。

两次访问凉山,经历和印象大不相同。凉山经历了天翻地覆的变化,使我想起了中国神话小说中的一句话:"山中方七日,世上已千年"。从五十年代民主改革的完成至今不过二十多年,凉山却经历了从奴隶社会到社会主义社会的历史飞跃。这绝不是神话,而是人人共睹的现实!既然这是一场伟大的社会变革,就不会一帆风顺,也不会没有波折。这些年来,凉山也像全国其他地区一样,受到了来自"左"的方面的干扰,这给凉山的发展带来了一定的危害。1975年我再访凉山时,正是这种"左"的干扰为害最甚之时。那时,党的各项政策,特别是民族政策遭到很大程度的破坏,使凉山地区走了一些弯路。党的十一届三中全会以后,凉山又出现了欣欣向荣的新局面,民族政策进一步落实,农村各项经济政策也开始落实了,仅以农业为例,自1977年起,连续五年获得丰收。现在许多农村开始出现"社员藏粮多,喂的肥猪多,新修瓦房多,买高档商品多"的"四多"景象。社会主义为凉山开辟了美好的前景,但美好的前景的实现,是要靠一代又一代的人艰苦努力去创造。而在像凉山这样一个由奴隶制直接进到社会主义的特殊地区,光凭热情而缺乏科学精神是不能奏效的,特别是,如果陶醉于一步跨千年的满足之中,不再深入细致扎扎实实地贯彻执行党的民族政策和其他各项方针政策,那也难免要出偏差,搞不好,会造成"穷折腾"的损失。吃一堑长一智,凉山彝族和其他各族干部和人民,在进行前人所没有过的社会主义革命和社会主义建设事业中,不断地总结经验教训,不断地向新的目标前进。

凉山彝族奴隶制是很典型的,它为民族学的研究提供了宝贵的材料。解放以后,在我们国内,已出现了许多关于凉山彝族奴隶制研究的专门调查材料和论著。正在陆续出版的"中国少数民族五种丛书",各种丛书都包括彝族的内容。由几个单位共同编写的《凉山彝族奴隶社会》专著一书今已出版发行。可以说,对凉山彝族奴隶制的研究方兴未艾。多年来,我对于凉山研究有着一种特殊的感情,特别是近几年从凉山不断传来的新变化的消息,更使我高兴。中国有句古语:"人生七十古来稀",这话在新中国都已经过时了,我还愿在古稀之年,三上凉山,用新的材料,去补充和丰富我对凉山彝家的研究,以尽我做为一个民族学工作者应尽之职。

三上凉山
——探索凉山彝族现代化中的新课题及展望*

民族学家认为,对一个民族或一个地区的社会文化进行历时的追踪调查是一种重要的研究方法。对于处在特定的社会历史条件下发生文化加速度现象,使得社会文化猝生巨变的民族和地区进行追踪调查就更有意义。因为当今世界上的各个民族,哪怕它是处在天涯海角,也无不面临着一个受到现代技术的挑战,因而要大幅度地调整自身的文化系统以适应时代要求的问题。一个民族学家如果既能把握住社会文化变迁的脉搏,又能设身处地为自己的研究对象着想,帮助自己的研究对象探索出一条成功地进行社会文化调整,并且借助现代技术的力量加速其经济文化繁荣的道路的话,那他的工作成果就一定会令人瞩目。我认为民族学界同行的肩上都负有这种使命。

但是,具有历时调查经验的人都会感到,现代世界的发展速度给我们的工作所带来的压力太大了。我们的研究对象在发生着日新月异的变化。我们的研究内容在不断地膨胀和更新,令人应接不暇。我们受责任感的驱使,往往不能有条不紊地把自己感兴趣的问题去一个一个地加以澄清。在很多情况下,我们不得不忍痛

---

* 本篇据商务印书馆 1995 年出版的《凉山彝家的巨变》的第三编排印。——编者

割爱,把手中的一些可能产生重大成果的研究课题放下来,去接触一些新的迫在眉睫的问题。我今天选定的这个题目,就是这种没有选择余地的选择。这也算是一种 Hobson's Choice 吧。

1943 年,我曾以少壮之躯,冒着生命危险初上凉山;为的是我刚从国外学到民族学理论和方法运用于中国少数民族社区,通过对凉山彝族的实地考察来推动当时方兴未艾的"民族学中国化"运动。由于彝族保头鼎力相助,我得以去而复返,并将这次的工作成果写成《凉山彝家》一书公诸于世。但客观地讲,限于当时的条件和认识水平,我在《凉山彝家》一书中所做的只是对凉山彝族的社会制度、经济生活、文化习俗等方面的具体描述和解释,而在理论上则无所建树。从材料的翔实可靠上讲,固然无愧于心,但终不能算是一个民族学家的上乘之作。而且,自那以后,世事纷繁,我被许多更迫切的工作缠住,难以集中力量对凉山彝家的社会文化做更深入的探讨。想来令人汗颜。

1975 年我二上凉山,本想于动中取静,探讨一下凉山彝家从奴隶制向社会主义过渡的问题。殊不知当时的中国十年动乱未息,凉山虽然天荒地远,也属在劫难逃之列,一片动荡。在此形势之下,严肃的调查工作根本无从开展。我此行带回了一些材料,也带来了更多的惆怅。面对这次所谓的调查结果,我苦苦思索 7 年。直到 1982 年才补进一些新的材料以《凉山彝族今昔》为题,写成文章,并于同年 4 月 9 日在美国民族学会 140 届年会上宣读。扪心自问,我深知这不能算严格意义上的民族学调查报告,倒更像是一篇向世界介绍凉山地区所发生的变化,进而论证中国民族政策正确性的长篇报道。文中只有一小部分讲述了凉山从奴隶制向社会主义过渡的问题。在初上凉山近 40 年之后的 1982 年,我向世界民族学同行们提交这样一份答案，心下不胜愧赧。可喜的是，我在篇末顺便提到凉山彝族向现代化目标前进的一段话，却引起了出乎意料的反响。会上会下，各国同行纷纷向我发问，要我解答凉山的现状如何，凉山现代化的任务是什么，凉山彝家将怎样实现现代化等问题。遗憾的是，我当时对这些问题缺乏专门研究，加上远离国土，手头没有充分的材料，只好婉转地从理论上做了一些推测。结果提问者和我本人都觉兴犹未尽。然而，也就是在那难忘的时刻，我受到了强烈的启示，明确了一个中国民族学工作者的当务之急。尽管我们对凉山彝家的研究在很多方面都急待深入，但"现代化"问题无疑具有最大的迫切性和实际意义。当时当地，一个念头在我的心中油然而生，那就是要在我的古稀之年，三上凉山，为推动凉山彝家现代化问题研究充当开路的马前卒。

1984年5—6月间，我终于第三次登上凉山。这与我1943年初上凉山的时间整个间隔41年。在这41年里，凉山彝家跨越了几个社会发展阶段，由奴隶制社会直接跃入社会主义社会的门槛。我个人也从一个初出茅庐的民族学工作者变成了一名白发苍苍的老兵。现在，由我这个数度身临其境的人来抚今追昔，总结凉山巨变的过程，探索一个曾经相当落后，被人诬为"蛮子"的民族如何在40年的时间里脱颖而出，跻身于中华人民共和国社会主义民族大家庭的特殊经历，这本身就是一桩令人激动不已的工作。何况凉山彝家需要我承担的任务还远远不止于此。自1979年以来，中国的经济体制改革和四个现代化建设的浪潮波及到960万平方公里的各个角落，中国的建设重心正在由东部沿海逐步西移，向内陆发展。这股现代化的浪潮为凉山彝家的经济文化腾飞提供了前所未有的机会，也向凉山彝家的社会文化系统提出了空前严峻的挑战。在这种形势之下，凉山彝家的社会文化应当如何调整才能既少走弯路，加速现代化建设的步伐，又把社会文化变迁所带来的困扰减少到最低限度呢？我此来凉山就是要考察一下这个问题。希望自己能够运用民族学的方法，参考凉山社会文化的现状，探索出一条切实可行的途径，使凉山彝家在这场现代化的潮流中既不因封闭保守而落伍，又能在前进中保持自身的特点，进而发展出一套具有本民族特色的社会主义现代经济文化，臻于繁荣昌盛之境。

我知道为这样一个庞大的问题找出圆满的答案非我个人力所能及。它需要一番大规模、多学科的综合研究。但我曾在解放前后40多年的时间里三上凉山，对凉山的变化有着特殊的感受。所以，在这个题目面前，我只有身体力行的责任，没有知难而退的理由。汉语中有两句古话描写不甘寂寞的老人：一句是"老骥伏枥，志在千里"；一句是"老牛自知夕阳晚，不待扬鞭自奋蹄"。这两句话恰好说出了我现在的心境。更巧的是，凉山彝家做为一个有农牧兼营传统的民族共同体，对牛对马都格外钟爱，因此，我更愿把自己比做凉山彝家的"老牛"、"老骥"，以有生之年来探索凉山彝家现代化的道路问题。在探索中，我不敢以识途老马自诩，唯愿奋蹄跃进、自强不息，以求无愧于40多年前我与这里的山山水水和热情的凉山彝家所结下的不解之缘。

一、凉山巨变

我此上凉山,大体上是循着前两次走过的路线。唯因交通工具不同,所以顺序上有所变动,考察范围亦有相应的扩展。1943年,我从成都出发,经屏山过秉彝场而步入凉山,至西宁镇受阻折回秉彝场,又沿金沙江南下雷波。在雷波略事准备后,出乌角、马颈子进入凉山腹心,在现今的美姑县城附近辗转调查。事毕为策安全而从北路经天喜折回雷城。1975年再上凉山时,主要在昭觉和美姑活动,兼及雷波。此次三上凉山,适逢国内政通人和之际,又有几个研究生张海洋、龙平平等人随伴,所以走遍前两次到过的西昌、昭觉、美姑、雷波,又向南延伸到布拖。历时近两个月,考察范围包括五县一市。其中昭觉、布拖、美姑和雷波则是考察重心。因为雷波是我初上凉山两度过往之地,而昭觉、布拖和美姑则一直是凉山彝家分布稠密的腹心地带。直至今日,三县境内居民仍有90%以上是彝族。整个中国除西藏以外,少数民族人口在数县连片的区域内占到如此高的比重是极少见的。考察之中,我目睹凉山40多年来的变化,特别是1978年党的十一届三中全会以来的飞速发展,真有隔世之感。本文限于篇幅,不能将凉山巨变的方方面面一一描述,只能择其荦荦大者略作一番今昔对比,使大家从中对凉山社会文化在过去40多年里的变迁有个大概的认识,并借以了解凉山的现状以便共同为凉山的进一步发展和凉山现代化的实现出谋划策。

凉山彝家社会文化在过去40多年里的变迁,首先体现在社会关系方面。解放前,凉山彝家是中国境内较完整地保留有奴隶制社会生产关系的少数民族社区。这就使得它的社会关系具有两个方面的主要内容:一是彝汉之间的民族关系,二是彝族内部以黑白彝为区别特征的阶级关系。

1943 年,我初上凉山时,最先感到的就是彝汉交恶,人人自危的紧张关系。在秉彝场通往凉山的道路上,处处潜伏着危险。我未至雷波,就数次看到山道上行客被劫留下的斑斑血迹,看到金竹嘴村被焚的房屋,听人叙述了几天前这里二人被毙死,三家男女被掳进山中的惨剧。在雷波备办进山所需物品的几日里,我听到无论昼夜都有不绝于耳的枪声。彝人外出掳汉人为奴娃的事层出不穷。在美姑县三河以达的山野里,我不知遇见过多少汉娃。许多青年男女初入彝地,被迫上山砍柴割草,遇见我们即泪流满面,泣不成声,托我想办法将他们赎出。① 目睹此状,我心下酸楚可想而知。但在当时,我以一个书生之力,靠投保而进入凉山,连自己的性命都没有保证,更谈不上对奴娃们援手相救了。在从雷波至美姑及从美姑返雷波的路上,我自己也曾多次遇到危险。紧急时,对方的枪口直逼我的胸前,当时当地,我曾有过死无葬身之地之感。② 联想到我来此之前,一些商人学生投保进入凉山经商探亲而被人中途反保卖为奴娃的事,我至今心有余悸。另一方面,居住凉山边缘的汉人也多恨彝人,"每有谈话,皆存偏见"。对于此点,我当时就指出:"实则,彝人为害并不甚多,而彝汉勾结为害者更多。"③至于汉族商人进入凉山进行不等价交换,汉族统治阶级在凉山周围

---

① 见本书第 84—85 页。
② 见本书第 133 页。
③ 见本书第 128 页。

设置锁彝沟、镇彝桥等禁锢凉山彝家,制造民族对立情绪的事情,更是数不胜数。正是这些民族压迫的事实,使得凉山彝家得出了"石头不能当枕头,汉人不能搭朋友"的结论。尽管彝汉两族人民在历史上的物资和文化交流相当频繁,但当时民族关系的紧张确实是到了触目惊心的程度。

在彝汉关系紧张的同时,凉山彝族内部的阶级压迫也令人发指。关于凉山彝族的奴隶制度,我已在《凉山彝族今昔》中作了分析。这里要特别指出的是,凉山的奴隶制不仅带有浓厚的原始公社残余,而且有着鲜明的种姓制度特征。黑主白奴之间,有一条不可逾越的血统鸿沟。黑彝永远是奴隶主阶级的成员,而白彝无论多么能干、多么富有,也永不能升入黑彝所属的高贵等级。本来根据我在雷波进行的体质测量,黑白彝的体质面貌并无重要区别。衣饰上"诸如'天菩萨'、耳环、毡衣、宽裤之类,皆系相同"[①]。在凉山以外的汉人眼里,所有的彝族都显得魁梧剽悍。但进入凉山后,人们却可以根据各个彝族人的行为模式,准确地判断出他是黑彝还是白彝。为黑彝者,往往目光耿耿,嘴角下垂,状极骄傲,遇事蠢进,大有不屈不挠的精神。为白彝者则与此相反,处处谦恭受命,事主唯谨。白彝与外人往来虽表示粗暴强悍,但一见黑彝,无论属何族何支,莫不低头驯服。这两套截然不同的行为模式,鲜明地反映出凉山奴隶制对于奴隶的精神摧残。在我所目睹的解放前凉山彝家社会文化结构中,黑主白奴总是泾渭分明,家居时黑彝男女皆可出令,而白彝一切奔走听命。餐饭中,白彝必先献黑彝家主,然后才敢自食。在室内,黑彝恒居左上方,而白彝恒居右下。黑彝出

---

① 见本书第80页。

行,皆有白彝追随,为主人荷枪持械,背负财物。甚至主人吸烟时,也要奴隶送上石制竹杆烟斗,并装上烟丝且帮助点燃。最能代表奴隶制残酷性的,还是奴隶的来源。解放前凉山奴隶的来源不外三种:一是奴隶自身的繁殖。有些奴隶主为得到奴隶的补充,强迫男女奴娃婚配甚至野合,所生奴产子女当然为奴隶主所有。奴隶主的女儿出嫁时,还常以奴产的娃子为陪嫁物。二是买卖。解放前,凉山许多地方辟有拍卖奴隶的市场,上市奴隶按年龄、性别、体力等标准分级标价出售。"年轻力壮之人无论男女价格皆甚高";孩提老弱之辈则等而下之。三是抢掠凉山边缘其他民族的人口。例如我初上凉山时的陪同翻译王举嵩就是彝人攻破山稜岗后被背负而去,又被辗转买卖,沦为奴娃20年才得侥幸赎出的。① 人而可抢可卖,可以强行婚配,其处境自与牲畜无异。因此,奴隶主对于奴隶就有生杀予夺之权。40多年前,我在凉山考察路上就曾目击马边恩扎支一黑彝在屏边与另一黑彝赌博。恩扎支黑彝大输,倾尽身上银两,仍不能偿清,便立命随身的锅装娃子追随赌博得胜的黑彝前去抵债。娃子不愿另属他人,大哭抗命。恩扎黑彝气急败坏之下,追打娃子到河边,又以大石猛砸娃子,幸未命中。当时凉山彝族内部阶级压迫的残酷与黑暗,于此可见一斑。

新中国成立以后,凉山彝家就是在这样的社会基础上进行了以废除奴隶制为中心的民主改革,并逐步建立起从自治州到各县、区、乡、村的人民政权。经过短短30年的努力,凉山的社会关系发生了根本的变化。我这次凉山之行,对于彝汉关系和彝族内部关系的变化都有极深的感受。如果说40年前我初上凉山时,时时感

---

① 见本书,第86—87页。

觉如惊弓之鸟,那么新型的彝汉关系就使我这次三上凉山处处感觉如入水的鱼儿了。

在我这次考察所到的各县区乡村,都有热情的彝族干部出面接待,向我介绍情况,并充任我的向导和翻译。这些干部中,有很多都是50年代和60年代从中央民族学院毕业的学生。他们口口声声叫我老师,把我的调查当成他们自己的事情。昭觉县副县长安学发即是一例。安学发原系土司后裔,解放初期,作为民族上层人物子弟被保送入中央民族学院学习。毕业后到昭觉县工作,担任过教师、县教育局长。1983年机构改革中,被提升为副县长。但他对我这个普通教师仍然十分尊敬。我在昭觉期间,正值当地暴雨成灾。安县长一面忙于视察灾情,领导抗灾;一面关照我的考察工作。还主动陪我下到竹核乡,走访专业户,为我担任翻译。每到晚上,他都放弃休息,帮我约来彝族老人或县区干部,给我讲彝族的历史,讲历史上彝族家支的分布情况,讲当地发展商品经济中存在的问题和专业户、重点户的分布特征。有他的帮助,我在昭觉县的考察真是如鱼得水,这与40年前投保进入凉山,处处担惊受怕的情景简直不能同日而语。这次考察中,我走访过五县一市的许多工厂、学校和医院,处处看到汉族的技术工人、教师和医生勤勤恳恳地传授生产技术和科学知识,几十年如一日地为彝族群众服务。他们与凉山彝家朝夕相处,言通韵合,彝族干部提到他们就赞不绝口。我本人作为一个汉族人,也为此感到自豪。这与40年前所见汉族人口被掳进凉山,卖为奴娃的惨状,何啻天壤之别?!

在美姑,我为了调查,也为了报答40年前保我出入凉山之恩而重访了我原来的保头,里区打吉和吉曲拉莫(即老穆)的家。两位老人均已过世,但他们的子女都记得此事,向我表示了深挚的感情。老穆的家就在巴普,离县城仅一箭之地。我们走进他儿子拉莫达石的新居时,适值达石外出未归。达石的妻子虽然不会讲汉语,仍十分热情的拿出米酒招待我们。我祝贺她盖了新房子,她称赞我显得年轻。酒正酣时,老穆原来的邻居瓦西瓦尔(张铁番)又闻讯前来拉我去他屋里坐。我们搞民族学调查,唯恐接触范围不广,又听说瓦尔是个专业户,所以欣然前往。进屋后,我们一面看他屋内陈设的颇有现代气息的家具和电器,一面谈论着彝家生活方式的变化。突然外面传来一阵猪叫声,我情知不好,赶紧叫学生前去阻拦,但终究是晚了一步,一头大猪已经被打杀。接着给我们煮上了砣砣肉。临别时,还按彝家尊重长者的礼节,把半边猪脑壳给我带上。夜晚回到住处,我们正为彝家盛情待客的习俗感叹不已时,又见拉莫达石不顾劳累,搬着一大坛米酒前来看我。次日,我又带学生爬上三河以达的山坡,走进里区打吉的家。附近村里的老人闻讯纷纷赶来同我叙旧。里区打吉的儿子打吉比俄则率家人忙着为我们宰鸡杀羊。俨然像一场民族团结盛会。当我拿出40年前拍下的照片,请他们重新观看里区打吉当年的风采时,在座的彝族群众都激动不已。打吉比俄更当着众人的面,拉住我的手用彝语称我为"父亲"。我面对这个精壮的彝家汉子不敢相信自己的耳朵。直到领我们前来的美姑县长罗家修又用汉语讲了一遍,我才如梦方醒似地紧紧握住比俄的手,把他拉在怀中。一股老泪也在同时夺眶而出。我知道,这一声呼唤,不仅是对我个人的尊重,它也标志着彝汉团结已经达到了水乳交融的程度。当我依依不舍地告别三河以达时,打吉比俄夫妇和三河以达的乡亲们眼含热泪,手捧我40年前与里区打吉的合影,搀扶我一步一步走下山坡,口口声声嘱我再来。我脸上老泪纵横,一遍又一遍地与他们握手告别。他们还是坚持送我走到公路边的汽车前。目睹此状,随我前来的几个研究生的眼睛都被泪水浸湿了。40年前,我也曾见过多次汉族青年的眼泪,那是被掳进凉山的奴娃悲伤怨恨之泪。今天彝汉两家的泪流到一处,涌出的却是一片民族团结之情。这次重访故地的经历,坚定了我们为彝家的繁荣而搞好凉山现代化道路研究的决心。随我前来的研究生们也纷纷以此自勉。

凉山社会关系变化的另一个更为重要的方面,是彻底地根除了黑主白奴之间的阶级压迫,废除了以血统分贵贱的野蛮种姓制度,使白彝和黑彝平等地生活在社会主义制度之下。在美姑县召开的家支和彝族历史问题调查会上,我看到十几位彝族长者坐在一起,其中有解放前的黑彝主子,也有当时的白彝奴娃,大家和睦地坐在一起,边抽烟边争先恐后地各抒己见。再也没有解放前那种黑彝咄咄逼人,白彝噤若寒蝉的不平等现象。一大批白彝娃子已在解放后成长为各级政权机关的干部。更为可喜的是,一些解放前的奴隶竟在党的十一届三中全会以后的短短几年里成长为全国知名的现代企业家。例如布拖皮革厂的厂长赤黑约日,在解放前就是个锅装娃子。11岁时,还光着屁股给奴隶主放猪。1956年,凉山实现民主改革,赤黑约日得以进学校读书。1962年,不到20岁的赤黑约日拜县城一个汉族工匠为师,学习修配钥匙。凭着一把老虎钳、一张钳工桌和一口红炉开始了他的创业生涯。十多年后,修配钥匙的小作坊发展成五金厂,生产彝族的家用五金器具。工人增加到30多名。赤黑约日当上了副厂长,把生产搞得很火热。但随着全国范围内的经济活跃,小厂受到了挑战。许多发达地区的产品涌进凉山。加上当时彝族群众还被温饱问题所困扰,购置能力不高,所以厂内产品的销路越来越窄。五金厂一度连工资都开不出来,濒临破产。在这困难关头,赤黑约日这个土生土长的彝族汉子表现出了惊人的智慧、魄力和责任感。他在忧愁中认识到:在不发达的民族地区办企业,就应该充分利用本地资源优势,大凉山山多田少,彝族人民夙有畜养牛羊的传统。但当地每年产出的大量牛羊皮都被外地以低廉的价格收购而去。而住在凉山的人要在当地市场上买一双皮鞋、一副皮手套、一件皮衣服却要用好多张牛羊皮换来的钱。如果工厂转产加工牛羊皮,进而制出成品皮件,则不但能使工厂死而复生,使县城内许多彝族青年就业,还能通过彝家勤劳的双手,把一大笔应得的利润留在凉山,造福当地人民。赤黑约日说干就干,马上向有关部门送上转产报告。布拖县政府对此大力支持,决定把商业部门收购的皮张全部供应赤黑约日新办的布拖皮革厂。就这样,一个以当地货源为后盾,以彝族青年为主体,以打进国内市场为目标的民族企业在1980年诞生了。然而,要在当地把原皮加工成皮革制品也殊非易事,它需要很多方面的技术和必要的设备,赤黑约日这个翻身奴隶以凉山彝家特有的不屈不挠劲头接受了这场挑战。他走下凉山,冒着酷暑,到自贡、成都、贵州、上海奔走游说,凭着一颗振兴民族工业的赤诚之心,硬是把上海、遵义、成都等地的几名汉族老技师请上山来,住进凉山深处的布拖小城。在这同时,他又把60多名彝族青年派到各地兄弟厂家去接受训练。对于厂内的生产管理,他也进行了大刀阔斧的改革,建立了逐级承包的经济责任制。他大胆起用一个技术拔尖的临时工担任制革车间主任。一天就脱出山羊皮500张,相当于创业之初该车间一个月的工作量。为了调动工人的劳动热情和对工厂的向心力,他在厂内修建了篮球场、浴室和电视室等福利设施。谁家有红白喜事,他都按民族风俗帮着妥善操持。翻身奴隶赤黑约日就这样把一个走投无路的民族企业办得生气勃勃。1983年,经全国毛皮制革产品质量检测成都站鉴定,布拖皮革厂的产品合理化指标和感观指标都达到了部颁标准,获得四川省重大科技成果奖。成百万元的订货合同,上十万元的引进资金,像水一样涌上海拔2,400米的布拖县城。

1984年6月中旬,我在布拖皮革厂见到了这个远近闻名的彝族企业家。他长的粗壮敦实,衣着朴素,说话诚恳憨厚,完全是个普通彝族人的模样。但一谈起厂内的生产,他就眉飞色舞了。他带我看了各个生产车间,介绍我与三名上海来的汉族技师交谈,汉族师傅一面往机器里续料,一面夸奖赤黑约日的胆识和能力。并表示要为布拖皮革厂的发展而竭尽全力。最后我们走进了产品展览室,看到琳琅满目、美观新颖的新凉山牌皮鞋、皮夹克,我真不敢相信这些产品是出自世世代代打赤脚、穿瓦拉加什的凉山彝家之手。赤黑约日热情地邀我试穿皮夹克,并要送我一件。我坚辞不受,拉他一块照了张照片,以志喜悦。

赤黑约日对我讲,他的皮革厂产值在1980年只有19万元;1983年达到了50万元;1984年1—5月就已有30万元,年内拿下60万元已属胜券在握。四年以来,赤黑约日艰苦创业,大胆地与国内同行业的厂家竞争。为此,这个翻身奴隶穿梭般地跑成都、奔上海、走贵阳、飞广州,与全国各地客商谈判订货,俨然一个大企业家的气概。他憨厚而自信地对我说:"我有点儿像小孩吃糖一样,嘴里含着一块,手里抓着一块,眼睛盯着一块,心里还想着更多的。要让新凉山牌(该厂产品商标)产品飞向全国,飞向世界"。就在最近,我看到布拖皮革厂传出了新的喜讯,"新凉山牌"已经在西藏、新疆、吉林、上海和北京打开了市场且站稳了脚跟！①

听着赤黑约日的谈话，我心里感慨万端。我对凉山彝家真是既感熟悉，又觉陌生。40年里凉山社会文化的变迁何止是废除了奴隶制度，何止是解放了千百万奴娃，又何止是改变了凉山的面貌？这场变迁造就了凉山彝家一大批面向未来、胸怀全国、放眼世界的新人啊！

谈到工厂的利润，赤黑约日略有羞赧之状，他告诉我这个厂1980年只有纯利润466元。1983年也才刚刚达到1.3万元。赤黑约日为此感到难为情，我却为此激动不已。1.3万元固然微不足道，但赤黑约日的开创之功，岂能以纯利润来计算呢？五年以来，他把工厂从30人扩大到110人，他的产品销售额从13万元增至121万元。他开辟了从发达地区引进汉族技师，派彝族青年到全国各地学习先进技术的渠道，他摸索出一套管理现代化民族企业的经验，他为布拖城数十名彝族青年找到了就业门路，培养出了在本民族企业里就业的一批现代彝族工人。他向民族自治地方的财政部门交纳了10万元税金，根据国家政策，这些税金将直接用于当地建设。

至关重要的是，赤黑约日为凉山彝家闯出了一条通往现代化的实实在在的路子。这条路子概括起来就是：利用当地资源，依靠当地工人，引进汉族地区技术力量，生产出有特色的产品，积极地参与全国范围内的社会主义商品流通的竞争，并以有效的管理方法使自己立于不败之地。进而提高本民族地区内部的经济活力，使民族经济由供给型转向经营型，由输血型变为造血型。我不揣

---

① 《民族画报》，1986年第2期。

冒昧,称这条道路为赤黑约日之路。现在,如果有人问我凉山彝家将怎样实现现代化,我就可以自豪地向他说:"请看赤黑约日之路!"

在社会关系大大改善的前提之下,凉山的建设也以惊人速度发展。我 1943 年初上凉山时,最感头痛的是交通问题。古人说"蜀道之难,难于上青天。"实则凉山道路之难又是蜀道中的最难者。除去彝汉交恶的文化因素不算,凉山外有雅砻江、金沙江、大渡河迂回环绕,内有小相岭、碧鸡山、黄茅埂盘根错节。加上境内河川密布,溪谷深邃,遂使整个凉山地貌崎岖破碎,处处峭绝深阻。凡此种种,皆构成凉山与外界交往的重重壁垒,也正是凉山内部家支林立的地理基础。凉山距成都平原近在咫尺,而其奴隶制度在一个统一的多民族国家里存在竟达两千年之久,也正与这种特殊的地势大有关系。解放前,人们无论从哪里进入凉山,都要翻山过河,举目投足之处,无不艰难备至,险象环生。行人因道路险陡而跌下河谷,断送性命者不计其数。地方话中有"摔岩"一词,专用于此种情况,可见其发生之频繁。1943 年,我从雷波去美姑,急如星火,却也只好与同行者"手足爬行,好像四脚的动物,每举一步就花了好几分钟",出行三日,"离雷波尚不及七十里"①。也就是在离雷波的第三日,我们所雇的背夫老邬因山路泥泞不堪行走而从山坡上滚下。幸坡下丈余有几根草木挡住,不然直滚进万丈深渊,必无埋骨之所。②

解放后,人民政府重视发展凉山交通事业,先于 1957 年,修成

---

① 见本书第 131 页。
② 见本书第 131 页。

宜西公路,把黄茅埂两侧的大小凉山连为一体,从东面沟通了凉山与成都平原的联系。继而于1970年修通成昆铁路,从北而南贯穿凉山,使西昌成了北京到昆明之间的一个重要枢纽。中国民航在成都和西昌之间开辟的航班,更使内外交通十分便捷。到1980年,凉山州60,000多平方公里的土地上,通车里程已达7,000公里,基本上实现了县县、区区、乡乡通公路。正因为如此,我的这次考察才显得十分方便。

最能代表凉山建设速度的,还是美姑的变化。美姑是大凉山名符其实的腹心。现在该县彝族人口仍占总人口的96.3%。40年前,我考察过的巴普,还是个30多户人家散布的村落。在巴普投宿的第二日,我曾被老穆的父亲约哈儿喊醒,拉到山上去看打冤家。事后,保头老穆也曾带我站在山上指点山下平坝,问我此地可否盖一学校。我闻言大喜,当时即与他策划,大讲了一番在此办学的好处。在以后的几个调查报告中,我都不厌其详地讲到此事,希望引起当局注意,以使老穆的想法成为现实[①]。但当时杳无结果。40年来,老穆的办学要求,一直萦绕在我的心头。

这次我在昭觉调查结束,安县长特意驱车送我去美姑。汽车在山里转了3个小时后,停在一个楼房林立,车水马龙的城镇里。我正为凉山深处出现的这个闹市纳闷,安县长告诉我这就是美姑了。当时,我的惊诧之情委实难以言状。中国人常以"物是人非"这句话来形容人生易老,事物难变的道理,但我来美姑经历的却是人是物非。40年前几十户人家的村落,早被淹没在数千上万人口的市镇之中。几十座泥墙木瓦的低矮房舍,也被鳞次栉比的楼房

---

① 见本书第137页及《边政公论》1944年第3卷,第5—6期。

所取代。40年前,老穆梦寐以求的是处在凉山腹心的彝家人民能有一所小学。而今,这里建成的是一座县城。城里不仅有小学,还有了完全中学。全县各级学校已有近200所。更有了老穆想也不敢想的商店、工厂和医院。同样的变化也发生在西昌、昭觉和雷波。

雷波是我初上凉山时两度过往的地方,也是彝汉冲突的一个焦点所在。我当年到此,连连耳闻目睹居民被劫持入山的惨状,看到城内街道一片破败,心下有如惊弓之鸟,发出过"河山虽美,其奈民居不安"的慨叹①。这次再来雷波,映入眼帘的是小凉山的一颗明珠。锦屏山下一幢幢高楼拔地而起,大街小巷全都铺成水泥路面。新修的百货公司、新华书店、文化馆、图书馆、电影院、邮政局一应俱全。交通方面,这里北去乐山,西经美姑而至州府西昌都十分灵便。我们一行结束考察时就从这里返回西昌。其间400公里山路可以朝发夕至。这样一条道路,在1943年要走两个月。这一天等于两个月的速度,就是凉山今昔的真实写照。

西昌,原是历史上的建昌城。由于地势高而气压低,空气中的水分和悬浮物质少,所以是个天朗气清的所在。传说月亮虽照九州,但在西昌显得格外清澈明亮,无与伦比。因此,清风、雅雨、建昌月是川西三大胜景。但由于地处偏远,加上社会制度腐败,所以解放前的西昌凋敝不堪。9年前我二上凉山时,看到的也还是一个小镇的面貌,时隔9年之后,我三上凉山时发现它的城建面积已由原来的1.5平方公里猛增到9平方公里。且建成了冶金、机械、建材、电力、化工、皮革、食品等数十家工业企业。俨然具备了现代城

---

① 见本书第127页。

市的规模,成为凉山彝家政治、经济和文化的中心。仅学校一项,西昌市内就有了小学20余所,中学10所,还有州属财贸、师范、卫生等中专和师专、农专两所高校。1984年我到该地时,州政府正发动各界筹办凉山大学。最近消息传来,说凉山大学已经建成招生了。

高速度的建设,自然是建立在生产发展的基础之上。凉山解放前的生产事业,是典型的农牧兼营。根据我1943年的观察,那里还沿用火耕之法开荒种地。彝族群众也没有什么生产热情。"罗罗农产只求自足自给,一年出品够得一年的需要,已是心满意足。因此彝民耕种并不努力,农园不求增垦,耕作技艺也不求改进。凉山大好土地,多系一片荒野的区域。"[1]这种现象的发生,也自有其社会原因,当时的凉山黑彝极端鄙视农业,"无论是旱地的包谷与水田的稻米,全部都是白彝包办,黑彝从来不去参加"[2]。白彝务农已在下贱之列,打出的粮食又多被黑彝夺取。锅装娃子的劳动所得,自然为黑彝所有,即使是百姓娃子地上的出产,也要交给黑彝5—6成。经济上剥削之残酷,已使奴隶无心出力促使土地增产。何况在政治上他们连完全人格都没有呢。凉山的生产力不高,更有文化的原因。"按罗罗原来风气,不尚交易商业,款待客人最是殷勤。""凡是罗民,只要不是本族冤家,到处可以得到寄宿与食粮,不费分文。"彝人出访"路中经过之区可随便寄宿,主人必须招待。无论何等食物,主客分食,不能独享。吝啬之人为社会所鄙视,习俗所不许。"倘招待不周,引起龃龉,生客"愤怒或有不

---

[1] 见本书第71页。
[2] 见本书第67页。

利的举动,甚至亦可引起打冤家斗争"①。这种吃大锅饭的习俗,显然是原始共食之风的残余。是原始人类在生产力低下时,为维持群体的生存而采用的一种行为方式。这种风气在凉山千年不变,本身就说明凉山的生产力水平不高。而大锅饭之风盛行,又必然挫伤人们发展生产的积极性。正是技术、社会与文化几个方面因素的综合作用,使得凉山的社会生产力长期得不到发展,凉山的奴隶制也就因此而长盛不衰了。

新中国的建立、民主改革的实行,使百万奴隶得到解放,冲破了生产关系对生产力的束缚。全国范围内社会主义经济建设的展开,又为凉山带来了先进的技术力量,打破了维持千年的消极平衡。以这两种进步因素为前导,凉山的生产力有了长足的发展。遗憾的是,60年代开始出现的左倾思潮,干扰了这种发展的进程,直到1978年,党的十一届三中全会召开,中央重申"实事求是"和"一切从实际出发"的方针,凉山的生产力才又走上迅猛发展的轨道。这一曲折过程在昭觉和美姑两县的多种经营统计数字②中留下了鲜明的标志:1952年,美姑多种经营产值132万元(昭觉缺项)。1976年,昭觉571万元、美姑393万元。1982年昭觉1667万元、美姑1210万元。这些数字表明,在三中全会之后的短短6年里两个县的多种经营增值都达2—3倍。这充分显示了凉山经济发展的迅猛势头,也说明党和国家的正确政策对于凉山的经济发展起着至关重要的保障作用。

我三上凉山不仅看到了凉山社会生产力在原有的基础上得到

---

① 见本书第73页。
② 根据统计资料,"多种经营产值"指的是除开工业和粮食种植业之外的产值,即林牧副业的产值。

了解放，而且看到了一大批新生事物正在出现，显示出凉山经济文化腾飞前的种种征兆。这些新生事物中最引人注目的就是生产部门的出现和传统产业中的一批专业户和重点户的成长。

1943年初上凉山时，我从雷波走到美姑，没见到彝家有自己的工业。只有少数木石匠和铁匠在农闲时从事季节性的手工劳动。彝区人民生活中大到生产工具，小到针头线脑都依靠外地客商贩入。而今，凉山全州已建成了包括冶金、电力、煤炭、化学、机械、建材、纺织、造纸及其他工业在内的工业体系。全州工业产值在工农业总产值中所占比重由解放初的3.8%提高到1983年的35.6%。凉山腹心地带的工业也已颇有规模，除了在布拖看到的皮革厂和制糖厂以外，我还参观了美姑的化工厂。但给我印象最深的还要数昭觉和美姑等县的小水电事业。凉山深处的河流溪谷，自然落差十分明显，形成办水电得天独厚的条件。各县水电事业因之得到蓬勃发展。在全国电力比较紧缺的1984年，昭觉、美姑等县的电力却有不少剩余。各县政府都在计划鼓励群众变烧柴为用电煮饭。我觉得这是一桩大有可为的事业。因为它不仅能减少彝家的劳动强度，节省时间，改善卫生条件，而且能推动彝家生活方式的改变使之向现代化靠近。同时，变烧柴为用电，也必然能够减少对树木和野生植被的砍伐，收到保护生态环境的功效。在去三河以达拜访打吉家的路上，我顺便参观了路边的胜利水电站。这个站装有两台机组，发电量可达2,250千瓦。但因为地广人稀，工业发展跟不上能源发展的速度，所以开动一台机组已可满足附近居民和县城化工、木材两个企业的用电。电站的负责人被装好的设备不能充分工作而影响效益的问题急得团团打转。一再向我诉苦，这真是形势喜人而又逼人啊！

凉山彝家传统生产领域内出现的新生事物,就是一大批专业户和重点户的成长。专业户、重点户都是党的十一届三中全会以来,各级政府为了鼓励农民发展生产和开展多种经营而提出的新概念。由于生产发展存在着不平衡的状况,所以各地专业户、重点户的标准亦有所不同。根据凉山州的指标,每个农家人均收入达500元(1983年时,全国农民人均收入为385元,凉山州247元,昭觉、美姑和雷波农民人均收入还略低于此数),所生产的产品60%拿来出售的即为专业户。全家人均收入300元以上,产品的商品率在30%以上者为重点户,重点者,可以作为重点培养而成长为专业户之谓也。

例如前面提到过的美姑县巴普乡农民瓦西瓦尔,全家7口人,有土地4.2亩,其中一亩用于种粮,亩产千余斤,折款200元,基本上自食。但其余3亩种时鲜蔬菜,售给县城非农业人口,每年可得款2,000多元,均为商品收入。瓦尔家每年又养猪11头,其中自食2—3头,售出5—6头,收入也在1,000元以上。如此则瓦尔一家全年总收入超过3,500元,人均在500元以上。其中猪、菜大部分售出,商品率超过60%,故瓦尔家就是一个专业户。瓦尔家因种菜而产生的粮食不够吃问题,由国家帮助解决,每月每人供粮30斤,全家210斤。粮价低于交售价,全年只要开支200元左右,不影响瓦尔的专业户地位。

又如昭觉县竹核乡农民甲巴阿吉,全家5口人。1982年他养牛2头、马1匹、羊14只、鸡134只,猪145头(多为仔猪),种地收粮11,700斤,全年合计收入4,000元。人均800多元。所养牛、马、猪、羊、鸡的商品率达75%,全部产品有60%以上做为商品售出,故甲巴阿吉家也是个专业户。甲巴阿吉养鸡的经历很有戏剧性。1980年,他花1.5元钱从州农科所买回10个良种鸡蛋,孵出8只雏鸡。到1982年,鸡总数即达134只。他还从出售鸡蛋和更新母鸡中得款760元。全家人均150元。鸡蛋生鸡鸡生蛋,本是欧洲人嗤笑为空想的一句话柄,但在党的十一届三中全会以后,凉山彝家却能把它变为现实。这一点就可以说明挣脱了奴隶制枷锁和左倾教条主义羁绊的彝家人民具有多么大的创造力。

　　需要说明的是,我上面列举的两个例子,并不是因为他们富裕,而是因为两家的状况都是我亲眼所见。实则凉山彝家收入在万元以上的人户也是有的。近年来,整个凉山成长起来的专业户、重点户数以万计。他们当中,有的靠发展畜牧养殖、有的靠栽培经济林木、有的靠科学知识、有的靠机畜运输、有的靠制造民族手工艺品,更有的已经打破以户为单位的小农经济,开始联办企业。昭觉县竹核乡拖都村农民尔吉久布1981年与另一农民自愿结合,自筹资金2,000余元,联办小加工厂和砖瓦窑。仅用不到1年时间,就还清了借款。到1982年底,得到收入2,400元,经分成各得1,200元。加上家里农副业收入,全家6口人平均收入818元,成为竹核坝上的富户。

　　通过对凉山专业户和重点户的考察,我对凉山彝家的现代化前景更加深信不疑。彝家人民不仅可以在工业方面从无到有,大打翻身之仗,而且可以一靠政策、二靠科学,在因地制宜地发展传统产业,开展多种经营方面大有作为。我再次不揣冒昧,称此为专业户之路。如果有人对走赤黑约日之路信心不足,认为凉山不可能通过发展工业而实现全面现代化的话,那么,我还可以对他讲:"请看专业户之路"!

　　生产力的发展也必然带来凉山彝家生活水平的提高。解放前，凉山彝家生活十分清苦，"平日便饭，包谷粑之外，有酸菜汤用为佐餐。若加上煮洋芋，或豆腐及青菜合成的连渣菜，就是比较丰厚的餐饭了"①。"睡眠无床铺，只倒地而卧。……卧时无被褥的设备，倒在地上用毡衣盖上，首部缩于衣内，身脚亦缩成一团。"②当时的彝家甚至连夜晚点灯的条件都没有。"我们旅居彝家，因带有蜡烛，燃光照耀，彝人莫不希奇。"③黑彝"硬都都"家的生活亦不过如此，白彝娃子平日之苦更是可想而知。我初上凉山时，为彝家准备的礼物是盐巴、剪刀、针线、布匹之属，这在凉山当时都是奇缺之物。记得离开雷波赴美姑的第二日，我投宿马家湾白彝乌七家，屋是土墙茅顶，有门无窗，锅灶旁隔着竹篱即是主人夫妇卧所，家畜猪羊也居留在屋内。我们赠主妇剪刀丝线等。她高兴的狂喜大呼，视为珍异。④ 现在，不仅上述的日常用品早已不是稀罕之物，就是自行车、手表、电视之属，在凉山也已被人司空见惯了。根据彝族干部的劝告，我这次调查再也不用带什么礼物，只要买上些糖果烟酒为彝家老少添些喜气就行了。在美姑县巴普乡的瓦西瓦尔家，我看到了他的住房格局。除了象征性地在堂屋中央设个锅桩外，他的屋内摆设均与城内人家无异。不仅人畜早已分开而且住房有了内外间的分别，卧室里有床铺、被褥、蚊帐、桌椅，堂屋里摆着电视、钟表、收录机和缝纫机。老穆的邻居，青年农民瓦西幸福家不仅有了电视，还专门为此盖了一间小屋，让乡亲们共同享受娱乐。我们在昭觉时，参观过尔吉久布的砖瓦厂，又看了他新盖的三

---

① 见本书第49页。
② 见本书第51页。
③ 见本书第51页。
④ 见本书第131页。

间新房,通体的砖墙瓦顶、水泥铺地,门窗俱按新式样,庭院里还砌起了花坛,全部投资计4,560元。这个34岁具有初中文化程度的彝族青年对我讲:"我们祖先的生活方式落后,是因为没有经济力量。现在经济上好起来了,生活方式也应逐步改变。因此,我不顾别人议论,盖了新式样的房子。我们专业户不仅在生产上要带头,在生活方式上也应该革新"。

总而言之,我三上凉山不仅看到凉山彝家社会关系的变革和生产的发展,也看到生活方式上正显示出的新气象,各方面的变化都是这么迅速和惊人,使我感到自己虽然年逾古稀,也不能不在凉山彝家现代化道路问题的研究上下一番功夫了。因为我深信,民族学这门学科的生命力,决不仅仅在于它的学术价值,不仅在于它能为我们认识和解释各种文化现象提供一套理论工具,更重要的是它能以自己独特的方式研究各民族在发展中存在的现实问题,帮助我们找出改造世界的最佳方式,进而使自己的研究对象在适应社会文化变迁的过程中,获取最高的发展速度和最大的经济与社会效益。

二、凉山社会文化变迁中存在的问题

40年来,凉山发生的巨变是有目共睹的事实。但是,我们不要忘了,凉山彝家是带着两千年奴隶社会制度所打下的深深烙印而步入社会主义的。这种烙印不仅在民主改革以来的30年里有顽强的表现,而且还在构成凉山彝家通向社会主义现代化进程中的重重文化障碍。有鉴于此,我们有必要把这些问题摆出来,分析其

原因,并提出妥善的对策;根据三上凉山所做的考察,我认为彝家传统文化与现代化互相矛盾的部分包括下列几个方面:

首先是消费方式与积累和扩大再生产的要求不相适应。历史上,凉山彝家受地理环境、社会制度等方面的影响,养成了一种以低消费适应低生产的社会文化模式。把"荞粑粑、酸菜汤,火塘旁边话家常"当成理想的生活目标。换句话讲,彝家的生活追求不在舒适,而在温饱。彝家在经济领域里的行为方式,不是通过发展生产来提高生活,而是用超低物质需求来适应生产的不发达状况。由此又产生了彝家社会文化的又一特征,那就是不重视物质产品的积累而情愿把相对剩余的产品用待客的方式消费掉,这种风气在历史上自有其存在的根据。当时,凉山处在奴隶社会的低下生产力水平上,彝家在自然灾害、病月荒年面前束手无策,只好注意平时结纳亲友,以便在灾难临头时有所求告。也就是说,彝家的积累不是靠自己聚集财富和扩大再生产,而是靠把相对剩余的产品作为礼物或饮食去巩固亲友关系,把剩余产品储存在自己与周围一定的社会成员结成的关系里面。此外,财富的积累和生产的发展都需要一个安定的社会环境,凉山彝家所缺的正是这样一个环境。在家支林立、械斗频仍、人人自危的情况下,与其积累财富而得罪同家支或友邻家支的成员从而使自己在冤家械斗中因孤立而处于必败之地,实不如疏财仗义来得划算。久而久之,凉山彝家自然形成了一种自己平时省吃俭用,而待客时又不惜倾家荡产的文化习俗。这种习俗又会进一步升为社会公德而进入人们的观念之中。

解放后,随着生产力的发展和社会的安定,这种习俗应该说是丧失了存在的条件。但因为意识总要落后于存在,因为社会发展中存在的文化停滞(cultural-lag),所以这种风气依然盛行,以至于我们在这次考察中还时时为这种盛情的款待而感到窘迫。此去凉山近两个月的时间里,我们只要进到一个人家,该家的主人必要杀猪、杀羊,请我们吃砣砣肉,并置酒款待。昭觉的甲甲何吉因为家住平坝,为让羊儿避暑而寄放到山上的亲戚家里。我们去得仓促,他一时也捉不到羊,就一气杀了4只鸡,还再三地表示十分羞愧。尔吉久布见我们来到,当场就花200块钱买下一头牛来要打杀。我们一面坚拒,一面匆匆登车告别,如逃跑一般;虽然心知这样必然惹他不悦,也不敢让他无端蒙受如此损失。这样的事情一再发生,吓得我们后来不敢轻易下到户里,尽量召请乡亲们到村管委会询问情况。当地干部对此也深有体验,昭觉县退休担任顾问的老县委书记李永昌讲到:"三中全会以前,我们下去群众害怕,因为我们一到乡里就要割人家的资本主义尾巴。现在群众盼我们下去我们不敢去,因为所到之处,群众必定要杀猪款待。我们吃了于心不安,不吃群众又有想法,真是左右为难。"

　　待客之外,凉山彝家的另一种不合理的消费方式就是遇有红白喜事时大肆杀牲置酒。昭觉县城北乡农民勒尔伍哈去世,家人杀牛7头,猪、羊40只。昭觉县南坪乡一人去世,家人请客杀牛,多达10头。美姑县巴普乡青年农民瓦西幸福的岳父去世,他作为女婿前去吊丧,也杀了一头牛,沽酒300余斤。谈到此事,他很感自豪。须知1983年时,凉山彝家的平均经济收入还不甚高,昭觉、美姑、雷波等县都在250元以下。如此耗费,不仅直接影响对再生产的投资,影响生产规模的扩大,而且势必导致生活水平不但不能提高甚至下降。

　　凉山传统文化与现代文化要求不相适应的另一种表现就是商

品观念的严重缺乏。鄙视经商的风气仍然相当浓厚。彝家产品有了剩余,多收存起来准备用于周济亲友或款待客人。轻易不肯出售,尤其不肯上市出售。如果说手工工艺匠卖些木石器具还不致遭人非难的话,一般的农民要把自己的农牧产品变成钱就显得不符合传统的社会规范了。国家提倡搞活经济之后,昭觉、美姑等县都采取了一些鼓励措施,增设了好几个集市。彝族群众农闲时也乐于往市场上跑跑,但多数人不肯加入贸易的行列。他们在市场上主要热衷于聊天、看热闹,找熟人凑在一起喝酒,再买点日常用品。有些东西非卖不可时,他们也只是把东西摆在地上,再默默地坐在旁边,等买主前来问津,绝不肯大声吆喝招徕顾客。遇有熟人时还要做掩饰状,仿佛经商是一种很不光彩的行为。山里人家更把牲畜视为财产的象征,数目唯恐不多却又长养不卖,结果不仅浪费了饲料,还把好端端的猪、羊养老了。有识者称之为养"万岁羊",经济效益极低。据统计,昭觉县1982年的农畜产品商品率只有5%,1983年羊只出栏率也只略高于10%。凡此种种,都反映出凉山彝家在闭塞环境内养成的自然经济观念仍然根深蒂固。这种观念不破除,则商品经济难以繁荣。当地政府把商品率为衡量专业户的一项指标,十分必要。

生活方式落后于生产方式和时代的需要,是凉山彝家通往现代化道路上的又一障碍。目前,虽然附城而居的一些专业户和重点户的生活方式已经具有了浓烈的现代化气息,但远离城镇的多数彝家人民的生活方式并没有随着生产的发展而有明显改变。现代化的种子还没有在凉山遍地开花。一山之隔、数公里之遥,即可见城乡之间在生活方式上存在的重大差距。如昭觉县城西乡的火莫拉托村,距县城只有十几里山路。因为没有通车,显得相当闭塞。群众进城买卖东西,需要负重爬山,十分艰难,那里也颇有几户人家因为发展畜牧而致富。户养牛羊有达近百头者,收入应该说是可观的。但他们的住房仍是土墙木顶。因为窗口很小而且常常遮住,更加之在屋内栏放牛、猪等牲畜,使得室内光线昏暗,空气浑浊。桌椅床铺等日常用具也不添置,一家的生活中心仍是地上的火塘亦即锅装。我们与彝胞共进餐饭也是席地而坐,持木碗、马匙子围锅装就食。值得指出的是,当地政府曾根据胡耀邦同志1982年视察凉山时的指示,用公款为群众建了一些新式住宅。昭觉县城附近的南坪乡就有这样一个新村,但群众搬进去之后,又把窗子堵上,把牛羊猪等栏进屋里。因为,按照彝家的说法,有窗的房子显得空旷,而牲畜如果不与人住在一起,闻不到人的气味和锅装的烟火气味,就长不壮。这种情况表明,彝家在现有生产水平上保持先前的生活方式,并非单纯出自经济上的原因。传统的观念和生活方式还盘踞在他们的头脑里,体现在日常活动中,并正在反过来制约着凉山彝家的生活现代化进程。

面对这些现象,人们不禁要问,除了凉山的经济不够发达,交通比较闭塞的原因之外,究竟还有没有别的社会力量在制约着人们的行为,使他们不能毅然摆脱不适合现代化要求的传统文化的羁绊而甘于随俗呢?答案是肯定的,凉山彝家传统社会文化中的家支制度和观念,在这里起着极大的作用。

家支,彝语称"楚西"或"楚家",是一种以父系血缘为纽带的家族联合组织。我在《凉山彝家》一书中所写的"氏族"一章,描述的对象实际上应说是家支。解放前,整个凉山没有统一的政权组织,所有的是上百个互不统属的黑彝家支。家支内部严禁通婚和婚外性生活,又有父子连名制为纽带,所以组织极为严整细密。每个黑彝家支的成员无论走到何处,只要背熟自己的家支谱系并指出自己在这一血缘链条中所处的环节,那他立即就会得到承认并享受应有的权利。凉山除黑彝有严格的家支外,白彝曲诺亦有家支组织。但根据谱系研究,白彝家支的历史大大短于黑彝家支。因此可以说他是次生的。此外,白彝不甚强调血统的纯粹性,所以家支的严密性较黑彝要等而下之。更因为整个白彝阶层都处于被统治地位,他们人格不全,所以白彝家支在地位上是从属性的,受黑彝家支的控制。当然,在习惯许可的范围之内,白彝家支也能对其成员起保护作用。讲到家支的重要性,彝谚说得很清楚:"少不得的是牛羊,缺不了的是粮食,离不开的是家支"。举凡济困扶危、报仇泄愤、喜庆丧吊,道路食宿等均非家支莫能济其事。解放前,普雄县有一果基家黑彝,为了侵吞一孤身富裕曲诺的绝业(根据习俗,黑彝有吃白彝绝业的特权),竟施恶毒手段将该曲诺杀害。因此而引起被杀曲诺家支成员的愤怒,共起反抗。果基家为平息事端,不得不将违反习俗的肇事黑彝开除出家支。该黑彝既被除籍,只好外逃他乡。而没有家支的黑彝为凉山彝家所不齿。按习惯他又不能降身为奴,最后竟因走投无路而自杀身死。① 可见家支对于黑彝来讲,甚于性命,也就无怪乎每个黑彝就甘愿为家支的利益奋不顾身了。

  关于家支的社会职能,我们可以从本质上把它分成对外对内两个方面。对外,首先是黑彝奴隶主暴力掠夺的工具。解放前,凉山黑彝奴隶主四处绑架汉人为奴,一般都是以家支为单位组队出袭。此外,它也是彝家反抗外来压迫的组织。如1945年,越西普

---

① 参见程贤敏:《凉山彝族的家支问题》,载四川省民族学研究会、四川省民族研究所论文集《四川彝族家支问题》,1985年编,第101页。

雄的黑彝阿候家和果基家械斗方酣,忽闻国民党军队前来进攻,两家黑彝马上解仇结盟,一致对付国民党军。待他们把国民党军打败,两家又执仇如旧,械斗重开了。家支在凉山彝家内部,首先是起着保护奴隶制度,镇压奴隶反抗,以强力维持奴隶主地位和利益的作用。彝谚"马的劲在腰上,牛的劲在角上,黑彝的劲在家支上"和"老虎靠嘴巴、猴子靠树林、黑彝靠家支"都是讲的这个道理。解放前,许多精壮汉人被掳进凉山为奴,却无论如何也难逃出的事实本身就说明各个黑彝家支虽不相统属,却互有默契。无论其自身如何矛盾重重,但在对待奴隶上却毫无二致。黑彝家支同时又是进行冤家械斗的武装集团。这种械斗起着维护凉山的习惯法并限制和调节奴隶主内部矛盾的作用。由于家支有父子连名制为血缘纽带,又实行严格的家支外婚制,所以每个黑彝家支都不是孤立的。冤家械斗之中总有血缘关系较近或不同血缘联姻的家支援手相助。故黑彝家支虽有大小强弱之分,却无高低贵贱之别。反映到人们的观念中就是"鸡蛋一样大,黑彝一样大"。如此这般,则冤家械斗之中把那个家支完全消灭或使之变为附庸的事就永远不会发生,凉山彝家内部的统一政权就永远不能出现,凉山的社会发展速度就不能加快。凉山奴隶制也就是这样靠着家支这套复杂而奇怪的机制而延续了两千年。

  解放以后,党和人民政府在废除奴隶制,解放生产力的同时,也为消除家支制度和家支观念的影响而做了大量的工作。比如根据大事化小,小事化无的原则和制订《彝族团结公约》等方式来调解、平息和制止家支械斗。通过建立人民政权和开展以居住地为单位的互助合作运动等方式来保护生产力,发展生产。从而使凉山的社会面貌迅速改观,使家支制度丧失了数千年来赖以存在的社会基础。但是作为彝家传统文化重要组成部分的家支观念,遂或多或少地存在于彝家群众的头脑中。特别是黑彝奴隶主已被打倒,但白彝曲诺还是要续家谱、认家支,还是彝族群众见面时经常谈论的话题。这本来也是正常现象,可以通过发展生产,提高生活水平和文化程度以及教育疏导等方法逐步克服。但在文化大革命中,左倾思潮泛滥,凉山的生产力遭到破坏,群众生活受到影响,人民之间的正常交往也被扣上家支活动的帽子,拉到阶级斗争的纲上去认识,这就大大伤了彝族群众的感情,使他们产生了严重的逆反心理,家支观念反而增强。由此而出现了"文革"之后,高压解除,家支观念强烈回潮的现象。我此行无论走到哪里,都有彝族干部向我介绍家支引起的问题。通过总结,我感到凉山彝家的家支观念在新的社会条件下出现了不少新的特征:

一是现在政治民主、交通便利,所以家支实体有了扩大化的趋向。如1982年,美姑县新桥乡吉列家支召开了一次400人左右的家支大会。会上决定:第一,把已经发生通婚关系的吉列家支下属的8个支——吉古、吉列、吉约、吉伯、吉比、色吉、马、列列,重新联合,一律不许再互相开亲,只能与外家支开亲;第二,吉列家支成员要团结一致;第三,吉列家支成员有事,大家要互助,出资方面,富有的出一元,贫者出五角。为保证上述决定能在本家支通行,吉列家支召集了散布在昭觉和雷波的成员①。1981年,昭觉县庆恒乡海来家支因民事纠纷也曾召集四县300人参加的家支大会,且宰杀耕牛9头、羊1只、猪4口②。

---

① 参见郎伟:《凉山彝族家支现状浅议》,载《四川彝族家支问题》论文集,第70页。

② 《四川彝族家支问题》论文集,附录第108页。

二是家支开始在国家政权与彝族群众之间形成一股按习惯法解决民事纠纷的仲裁力量。据有关人员在昭觉县、竹核乡、伙罗村调查统计,该村1983年发生的民事纠纷有80%左右是由家支出面调解平息的。这股习惯力量影响之大,已使有些本应由政府出面解决的事也被家支包揽。据昭觉县干部介绍,近年冕宁有一彝族人用气枪打鸟,误伤一名汉族小孩。该小孩家长不到法院起诉,而是按彝族的习惯向肇事者索要命金3,000元。肇事者家支闻讯纷纷出钱,一个月就把3,000元凑齐。其他由于个别家支成员犯科被政府处罚而整个家支代付罚款的事也屡见不鲜。昭觉县彝族干部阿尔及革在担任供销组长期间贪污千余元。案发后,他退赔不起,应受刑事处分。他将此事诉诸家支,全体成员帮他把钱凑齐。结果,退赔实现,阿尔及革被免除刑事处分。除此之外,利用家支力量干涉婚姻,发泄怨愤,请毕摩卜卦弄法,向成员摊派钱物的事也时有发生。

对于新形势下家支观念的上述表现,国内学者,特别是四川的学者正在展开研究,有些学者且在探讨家支作用是否存在积极的方面[1]。对此,我认为凉山彝族家支的所谓积极作用,完全是建立在解放前凉山生产力落后的基础之上的。如恩格斯曾说:"劳动愈不发展,劳动产品的数量、从而社会的财富愈受限制,社会制度就愈在较大的程度上受血族关系的支配"[2]。解放以后,凉山的生产力虽然得到迅速发展,但在相当一段时间内,凉山彝家还曾被温饱

---

[1] 伍湛:《当前四川彝族地区家支问题态势述略》,载《四川彝族家支问题》论文集,第27页。

[2] 恩格斯:《家庭、私有制和国家的起源·第一版序言》,载《马克思恩格斯选集》第4卷,第2页。

问题所困扰。家支成员之间的及时互助,也还不失其意义。但党的十一届三中全会以来,凉山的生产突飞猛进,人民生活有了明显改善,各级党政干部的作风进一步端正,各种法律文件和司法机关逐步健全,大量新生事物正在涌进凉山。在这种全新的形势下,家支的积极作用已无从谈起,它对现有经济基础所产生的消极影响,对凉山彝家现代化建设的束缚作用倒是越来越明显了。

首先,凉山彝家的现代化需要社会分工的加强和商品经济的繁荣,而家支观念却与此格格不入。前面提到过彝家习俗鄙视经商,这里也有家支观念在起作用。因为彝家的思想深处还认为自己的剩余产品在很大程度上应为家支成员所共有,自己拿来卖了必然影响到对家支其他成员的资助,因此是不光彩的。据介绍,昭觉县有一农村基层干部1983年经人动员,贷款在集镇上开了个小饭馆,想以此致富。不到一个月后竟致关门大吉,因为按彝家传统,同家支的人前来吃饭,没有收钱之理。这位干部自然按习俗办事。更糟的是,同家支的人觉得饭馆是本家开的,吃来心安理得。每逢集日便成群结队前来,来了就吃,吃了就走。很快就把这小本经济吃得亏空了。真正是"氏族制度与货币经济绝对不能相容"①。也由此可见,要使商品经济得到发展,就非克服家支观念不可。

其次,家支观念妨碍凉山彝家采用新的生产和生活方式。本来中国的经济体制改革和四个现代化向凉山的深入为彝家人民提供了前所未有的机会,每个人都可能根据自己的能力和认识水平

---

① 恩格斯:《家庭、私有制和国家的起源》,载《马克思恩格斯选集》第4卷,第107页。

闯出一条通向富裕的道路。但家支观念迫使人们在做出决定之前首先考虑自己的行动是否会得到家支成员的赞成，无端地失掉很多良机。又从法律上讲，解放以后，每个公民都有完全的人格，可以在法律允许的范围内根据自己的意愿采用自己的生活方式。但家支观念的存在，却在法律和个人之间形成一股强大的社会制约力量。每个家支成员在追求现代生活方式时——无论是自由恋爱，选择职业，还是在住房内开窗架床——都不得不顾虑到家支舆论的反应，而家支舆论所代表的又往往是老一辈人的观念和意志，这又使得人们倾向于裹足不前了。

再次，家支势力包揽民事纠纷，削弱了国家政权和有关法制与彝族群众之间的联系和沟通。它的仲裁作用貌似公允，实际上必然受血统观念的支配，由此变成恃强凌弱，以众暴寡唯家支是理的现象。这就很容易激化矛盾，使纠纷升级。我所见到的昭觉、美姑两县四起刑事案件的记录，开始时都是一般的民事纠纷，曾经过家支的仲裁并按彝家习俗打酒杀牲以示庄重。结果，或因输理方面不服，或因有理方面不满，酿成了刑事大案，甚至出了人命[①]。

事实表明，家支观念作为生产力低下的产物虽然曾在一定程度上对彝家生活提供某种意义上的保障，但它也一直是凉山社会文化发展的一个重大障碍。同时，这也是一个恶性循环的圈子：人们因为生产不发展，生活有困难而求助于家支，家支又以自己的方式制约生产发展，加剧人们的生活困难，长此以往，将无出头之日。在凉山彝家迈步走向社会主义现代化的过程中，这种消极作用会变得愈加明显，因此，应在克服之列。克服的方法，就是运用优越

[①] 《四川彝族家支问题》论文集，附录第107—116页。

的社会主义制度，通过发展生产来加速凉山社会主义物质文明和精神文明建设。在这方面，昭觉县解放乡丰收村已经走出了可喜的一步。丰收村地处西昌和昭觉之间，有17户彝家，党的十一届三中全会以后，随着各项农村政策的落实，村内多种经营蓬勃开展。1983年，全村农牧业总产值达42,364元，其中牧业产值27,180元，占总产值62%，农牧产品上市商品值17,216元。商品率达40%，人均商品收入就得200多元。群众生活因此而有了重大改善。由于生产发展快，商品生产搞得活跃，加上乡、村领导工作深入，较少官僚主义，基层调解组织健全，法制宣传比较透彻等因素，使得家支势力没有了市场，群众的家支观念逐渐淡薄。人民群众开始养成了有事找政府而不找家支的新习惯，社会主义的道德风尚得到了发扬光大。这一事例很有代表性，它说明现代化的潮流与彝家的传统文化接触时，可能造成一些新问题。但现代化决不仅仅是造成问题，它同时提供了解决各种问题的方法。事情的关键就在于我们应该充分认识现代化到来的意义，了解和把握社会文化变迁的规律，进而从中因势利导，摸索出加速凉山彝家现代化建设的最佳道路。

三、社会文化变迁的规律和凉山彝家走向现代化的必然性

以上概述的，是凉山彝家在过去40年里取得的成就和目前存在的一些问题。这些成就和问题同时也构成了我们探索凉山彝家现代化道路的基础和出发点。我们要找出凉山彝家向现代化发展的最佳道路，就不能不对上述情况进行一番消化，以求从中总结出

规律来。这又迫使我们去接触又一个庞大而复杂的问题,那就是社会文化的变迁。

民族学家们都知道,大千世界里任何有人们共同体存在的地方,就会有知识的积累和交流。这种积累和交流达到一定程度,就会引起物质生产方式即社会经济基础的改变。基础的变更又迟早要影响到上层建筑和意识形态,从而迫使有关的人们共同体在上层建筑方面做出适应经济基础的调整。这是社会文化变迁的总规律。也是一个连续不断、逐步升级的过程。正因为这个过程连续不断,人类才得以从区区动物,变为万物之灵;从穴居野处发展出高楼广厦,从树皮草叶中发展出锦绣衣冠,从茹毛饮血生吞活剥发展到食不厌精、煎炒烹炸。人类社会才由原始群进化为现代国家。这个变化过程既广博宏大、又细致入微。作为单个的民族学家,我们固然难以对这个历时好几百万年的过程进行面面俱到的追溯,但从个人的所见所闻对一个具体的社区在几十年里发生的变迁进行总结,还是我们应该勉力为之的。因为它对于我们认识人类社会的发展规律也具有十分重要的意义。

当然,为了求得认识上的深入,即使是对小社区短时间的社会文化变迁进行研究,也有必要采用民族学的方法,对研究对象的社会文化变迁特点加以整理和归纳,这样才能条理分明。根据历史唯物主义的认识论和国内学者的见解[①],我同意把一个社会的文化系统分成四个层次来认识:一是作为基础的物质文化层次;二是人们围绕着物质的生产和分配而形成的人际关系和社会制度层次;

---

① 参见《理论信息报》1986年4月7日第3版,余英时著《从价值系统看中国的传统文化》。

三是人们在社会制度约束之下围绕物质文化产品的消费而形成的生活方式和风俗习惯层次;四是人们的意识形态、宗教信仰和价值观念这个层次。从存在决定意识的一般规律上讲,文化变迁往往自物质层次开始,或是先在物质层次上得到体现,然后逐级透过制度和风俗习惯层次,最后影响到价值观念。当然,这只是一般的规律,各种社区文化变迁的实际过程会产生千差万别的表现。制度、风俗和价值观念虽然受物质存在的影响,却也能以其自身的反作用来影响物质文化变迁的速度和方向。在特定时期的民族交往中,更有因为上层建筑的某个层次首先改变而带动物质文化发展的先例。中国云南的某些保留原始社会生产方式的少数民族先从制度上超越过渡到社会主义,又使经济建设得到发展即是例证之一。说到凉山彝家则更有其独特的发展历程。

根据历史、考古、语言和民族学等方面的材料,凉山彝家的渊源可以上溯到新石器时代的古羌人那里,对此,吴恒教授在他新近发表的《略论彝族渊源问题》和他主编的《彝族简史》中都做了精到的论述①。就我所知,凉山彝家保留到解放前后的火彝习俗,保持到今的父子连名制,以及凉山彝家格外注重畜牧等文化特征与古羌人在很大程度上是一致的。讲到畜牧习俗,我在40年前就注意到"罗罗轻视农业使作者感觉到牧畜系黑彝原有的经济活动,彝人原来为牧畜的民族"②。直到今日,人们还可以从彝家的生产活动中找到许多畜牧文化的因素。比如,彝家的餐具容器全系木制,绝少陶器,这是对迁徙生活的一种适应。彝家待客以砣砣肉为上

---

① 吴恒:《略论彝族渊源问题》,载中央民族学院民族研究所编《民族研究论文集》第1集,1981年版,第248—269页。

② 见本书第67页。

品,此又与中国北方畜牧民族的手抓肉异曲同工。至于夏日将羊群赶上山去以避暑热,冬季再放到平坝的放牧方法,更非农耕民族所能创用方法。彝族家支制度那种重血缘轻地缘的特点,亦与游牧民族依稀相似。关于彝家何时进入凉山的脉络,国内学者多根据凉山古侯、曲涅两大黑彝家支的父子连名制材料追溯至二千年前,约与中原的汉朝相当,而且根据彝家传说,他们是从滇东北渡江而来。我意古侯、曲涅只是凉山彝家中占人口极小部分的黑彝阶层的主体,一般彝家先民进入凉山也未必先到滇池,也不至于如是之晚。最近我到昭觉县的解放沟参观新发现的博什瓦黑石刻。看到画面中除了大量礼佛的内容和毕摩形象之外,还杂有一些表示男女两性生殖器崇拜内容的刻像。这些石刻可能是出于彝家先民之手,而生殖崇拜形象的形成又可能遥遥在其他刻像之前。

根据彝家传说,古侯、曲涅两家黑彝未来凉山之前,已经进入阶级社会①。这一点,已经得到晋宁石寨山墓葬材料的证实。那么凉山的奴隶制始于何时呢?彝族传说古侯、曲涅两家进入凉山后即开始为"争结米绝业而相敢,……为争百姓而相敌"②。按"吃绝业"是凉山奴隶主在解放前的特权之一,由此可以知道奴隶制可能从黑彝进入凉山时就开始了。我们还可以从汉族史书中找到这方面的证明。据东汉史书《华阳国志》卷十《禽坚传》记载,禽坚的父亲禽倍在东汉前期作为汉官到越西公干,不幸"为夷所得,传卖历十一种"。禽坚长成后为寻父三入夷中,费时六年,始得相见。他

---

① 四川民族调查组翻译的彝族史籍《玛姆特依》中讲到彝族先民在"滋滋蒲吾"时,就已出现管理生产,本人不参加劳动的"滋"和专事调解纠纷的"莫",负责祭祀的"比",担负守卫,修造房屋的"曲"和从事生产劳动的"卓"。
② 参见彝族史籍《勒俄特依》,四川民族调查组译。

的精神,感动了夷人头领。头领允其将父亲赎出,禽坚父子终于团圆。察越西乃西汉时在凉山建立的郡制。如此则凉山至迟在东汉时就不仅已有奴隶制,而且已经开始买卖奴隶;不仅是一般的买卖,而且有把一个人转手倒卖 11 次之多的情况了。可见我们讲凉山彝家存在过两千年奴隶制度并非谎言。

凉山奴隶社会的两千年一贯制,在世界史可说是绝无仅有。无怪乎国内外学者都对它何以能延续这么长时间感兴趣。关于这一点,我们前面已经一再讲到过,这里没有什么神秘可言,就是因为凉山彝家在峭绝深阻的环境中发展出了一套以低需求适应生产的社会文化机制。在整个凉山之中,无论黑彝白彝都以打赤脚穿擦尔瓦为衣着,也都以荞粑粑酸菜汤为日常饮食。建立在低生产和分散而又封闭的地理环境基础上的血缘组织——家支以及家支之间的械斗,更无端地消耗了大量的人力物力,使积累和扩大再生产无法进行。统一的政权组织因之无由建立。这样一来凉山的社会发展不得不在原地打转,奴隶制也就在此前提之下得以延续。当然,建立在个体农业这种封建自然经济基础之上的整个中国的不发达状态,也构成了凉山奴隶制延续的外部条件。

1949 年新中国的成立,特别是随后几年社会主义制度在中国的建立和巩固,使凉山奴隶制首先失去了它赖以存在的外部条件。1956 年的民主改革又从凉山内部社会制度这个层次上打开了社会文化变迁的缺口。党的正确民族政策,社会主义国家经济的有力支援与凉山百万翻身奴隶迸发出来的巨大社会生产力合为一体,使凉山经济文化出现了空前的大飞跃。经过近 30 多年的努力,凉山彝家成功地进行了一次社会文化调整,基本上解决了先进的社会制度与落后的社会生产力之间的矛盾。但是,凉山先进的生产方式与落后的生活方式及传统观念之间的矛盾还是存在。整个凉山的经济文化与全国相比也还存在着不小的差距。解决这个矛盾,消灭这个差距,使凉山经济文化在本世纪末或下世纪初达到与全国并驾齐驱、共同繁荣,就是我们所说的凉山彝家现代化的基本内容。为达此目的,凉山彝家面临的任务是十分艰巨的,在某种意义上讲,其艰巨性较之30多年前的民主改革是有过之而无不及。这是我们必须以冷静头脑对待的现实问题。

但是,社会主义建设新时期的新形势也正为凉山的现代化提供前所未有的良好条件。党的十一届三中全会以来,经济体制改革在全国范围内雷厉风行,从政策和技术上的为凉山发展给予保障。凉山地上地下的丰富资源,是彝家建设现代化的雄厚物质基础。据勘测,凉山9千万亩幅员中,有森林2千万亩,草场3千万亩,还有面积与此相当的大片荒山。这些森林草场和荒山是彝家开展多种经营的广阔舞台。凉山境内密布的河流沟岔,曾是彝家社会发展的地理障碍,现在成了蕴藏量上千万千瓦的水电资源。凉山还是国内有名的成矿带之一,已探明的矿产地有1,546个,其中有67个是大中型矿床;按储量计算,凉山的铜矿占四川全省的72%,锡占88%,锌占88%,富铁矿占85%。凉山彝家在前工业社会守着这些资源过了几千年的穷日子。新兴的工业技术将把它们变成带动凉山彝家向现代腾飞的翅膀。

再看凉山的经济形势,1975年我二上凉山时,凉山全州的工农业总产值为5.8亿元。1983年已达10.8亿元。三中全会以来的5年之中,全州工农业总产值的年增长率为9.1%。我所考察的大凉山昭觉、美姑、布拖和小凉山雷波的工农业总产值年递增率分别达9.9%、10.8%、11.38%和10.99%。据有关部门统计,整个中国自

1979年改革以来的工农业总产值年递增率为7.4%。如此说来，凉山州的工农业总产值在增长速度上已超过全国平均水平。诚然，统计数字上的增长率是受基数影响的。凉山州产值递增率高，正好说明凉山的基数小，起点低，工农业基础薄弱，但它在速度上高于全国的发展毕竟是破天荒的大事，因而是可喜的。它至少能够说明凉山彝家已经开始从经济落后的状态中得到解脱。凉山的现代化已经不仅仅是人们的理想问题，而是一个迫在眉睫的现实问题了。

这种形势，对凉山彝家来讲，当然是极大的福音。但是我们同时应该看到，现代化的潮流向凉山彝家的传统社会文化提出的挑战也是空前严峻的。尽管凉山彝家珍视自己的文化传统、生活方式和价值观念，但只要他们走上通往社会主义现代化的轨道，一场新的社会文化变迁，一次大规模的生活方式和价值观念的调整就在所难免。对此，我们有必要大声疾呼！使凉山彝家认识到现代化的到来的必然性，并为迎接它的到来做好充分的精神准备。这是因为，作为民族学家，我们深深地知道，现代文化和技术与一个民族的传统社会文化发生接触时，如果该民族缺乏现代观念，不能主动而成功地调整自己的社会文化系统以适应新的形势，也可能造成意想不到的消极后果。例如解放以前的一段时间里，现代武器做为一种新的技术传进凉山，就不仅没有产生积极作用，反而迅速地与家支制度结合起来，成为奴隶主四处掳掠人口、镇压娃子乃至各家支之间进行冤家械斗的利器，给凉山内外人民的生命财产所带来的影响都是灾难性的。当然，在社会主义制度之下，这种悲剧是不会重演了。但对出现另外一些消极影响的可能性，还不能轻易排除。我此次上凉山，昭觉、美姑的干部都谈起过饮酒问题，据他们估计,近年生产发展,彝家手中有了些钱,就出现了很浓的豪饮烈酒的风气。两县人均年饮白酒都在10斤以上,酒费开支用去家庭收入20%的户已为数不少。前面提到的家支实体扩大化趋势,也在很大程度上是利用了现代交通带来的方便条件。另外,前些年盲目发展粮食种植,在陡峭山坡上开荒种地,也给生态环境造成了很大的压力。近年,昭觉县每遇暴雨便有山洪夹砂带石顺坡而下,摧桥毁路,压盖农田,甚至冲走住房,伤害人畜,这也应是滥用新技术造成的消极后果之一。

当然,在通往现代化道路上发生的一些偏差,不应成为人们因噎废食,拒绝现代化的理由。作为20世纪80年代的民族学家,我们也不能想象采用文化保护主义的方式,避免现代化对凉山彝家的传统观念造成的触动和冲击,使他们在整个中国范围内的现代化潮流中作壁上观。因为这既不符合中国国情,也不符合凉山彝家的意愿和根本利益。讲到中国的国情,大家都知道,中国是一个统一的多民族的社会主义国家,56个民族早就在历史上结成了你中有我,我中有你,谁也离不开谁的共生关系。中国大地上发生的任何一件事情,都会影响到上千万平方公里内的各个角落,根本不存在闭关自守的世外桃源。何况现代化是全国范围内的一场如火如荼的深刻变革呢?!此种形势也不独中国为然,我们所在的整个地球都在现代化的潮流冲击之下加速运转。试看当今世界之上哪里还有一块让发展中的民族与世隔绝以保持自己社会文化发展的纯粹性的绿洲呢?说到凉山彝家的根本利益,我认为凉山彝家做为一个特点鲜明的民族共同体得以延续,靠的是他们在自己居处的地理环境之内所做的艰苦卓绝的努力,而不是靠了别人给了他们什么有意识的保护。凉山彝家既然有足够的勇气和能力在30

多年前打破奴隶制的枷锁,他们就同样有能力在党的正确的民族政策光辉照耀之下,参与全国范围内的社会主义现代化建设。凉山彝家不仅要求和全国各族人民共享现代化的成果,而且要求像全国各族人民一样参与全国范围内的竞争和进取,享受奋斗和创造财富的欢乐,使自己在奋斗中创造出更有活力的社会经济文化,达到与全国各民族共同繁荣的境界。这一切都是凉山彝家不可剥夺的权利。

总之,现代化的前程正为勤劳勇敢的凉山彝家创造出进一步发挥聪明才智的用武之地。如果说1956年进行的民主改革是凉山彝家两千年来的第一次社会文化大调整的话,那么文化加速度现象正把现代化的命题摆到他们的面前,要求他们进行第二次调整。这次调整所涉及的不仅是生产方式,而且将深刻地改变凉山彝家的生活方式和价值观念。如果说社会制度和生产方式的变革和发展可以通过国家帮助而收到显著成效,那么生活方式和价值观念的改变则要更多地依靠凉山彝家自己的觉悟和努力。

四、凉山彝家的现代化道路展望

凉山彝家究竟将通过什么途径实现现代化这个问题虽然涉及的是未来,但其答案却不能不以凉山乃至整个中国的历史和现状为根据。当然,一个民族走向未来的具体途径不会也不应该是由民族学家来设计和规划。但民族学家还是可以而且应该运用自己的知识,根据自己的研究对象所要达到的目标,来出谋划策,提出设想,以供自己的研究对象去选择和参考。我认为中国民族学为现实服务,为研究对象服务,为社会主义现代化建设服务的宗旨,最终还是应该在这种出谋划策中体现出来。基于这种认识,我把下面的一些想法作为研究成果提供给凉山彝家:

1. 在发展建设中尊重客观规律,保护和改良生态环境。

党的十一届三中全会以来,党中央和人民政府为使民族地区的人民尽快富起来,发布了以落实农村生产责任制和民族自治地方自主权为中心的一系列方针政策。为凉山彝家发挥聪明才智,加速经济文化建设创造了优越的客观条件。根据这些政策,凉山的大部分耕地、林木和荒山草坡都已经承包到户,作为新凉山主人的凉山彝家可以放开手脚大干一番了。但在这同时,我们应该认识到,凉山64,000平方公里土地上的山山水水乃至一草一木都不仅是我们这一代人的财富,而且是子孙万代借以繁荣的根基。凉山的雨水不均,山势陡峭、地形破碎、土层不厚,生态系统是比较脆弱的,一旦遭到破坏则不仅难以恢复,而且将首先威胁到公路系统,给本来困难的交通条件雪上加霜,进而影响当地的现代化建设。因此在发展生产的同时,应该未雨绸缪,十分注意生态环境的保护和改良。不能因为自己手里有了技术和自主权就自毁长城,干出"吃祖先的饭,砸儿孙的碗"之类的事情来。值得庆幸的是,由于凉山的气候条件较佳,加上解放前交通闭塞,生产力不高,所以生态环境尚未遭受重大破坏。更为可喜的是,凉山州政府在过去30年的时间里,走出了飞播造林这条成功的道路,凉山自1958年开始飞播造林事业,一直持续至今。在全州9,000万亩总面积中,已造林近千万亩,并已收到良好的生态效益和经济效益,使许多历史上的荒山害河变得水秀山清。如西昌所在的东西河流域在造林前由九条害河组成,是暴雨型泥石流的发育地区之一。1893年,一次特大洪灾,曾冲走西昌街道五条、死亡千余人。从1893年,九条河流发生洪灾和泥石流共50多次,冲毁房屋600间、毁农田400亩。飞播造林后,九条害河绿树成荫,洪水和泥石流灾害被驯服。据测定,现在的河水泥沙含量比造林前减少77%,水土流失面积减少80%,最大洪水位降低60%,下游14万亩农田得到保障,跨越九条河流的40多公里公路、铁路干线免除了洪水威胁。还开始部分地解决林区居民的烧柴和用材问题。这条道路应该走下去,使凉山的山一年比一年绿、水一年比一年清,为凉山彝家子孙万代的生活幸福打下好的基础。

2. 走专业户之路,因地制宜,发展多种经营和商品经济。

凉山彝族自治州总面积6万多平方公里,其中耕地面积只有5%,其余皆是林地、草场、河谷及荒山草坡。因此,除了粮食种植之外,具有发展林牧副渔及多种经营的天然条件。凉山彝家在历史上也是一个农牧兼营的民族。党的十一届三中全会以后,当地领导本着"一切从实际出发"的精神,纠正了前些年忽视凉山地高土寒的特点,让凉山跟着热山跑,片面追求粮食种植的错误,制定出"绝不放松粮食生产,积极开展多种经营"的正确方针,鼓励林牧副业的发展收到了良好的成效。由于畜牧业的投资周期短,见效快,还能增加农耕地的肥源;而林业能涵养地力,防止水土流失,改良局部小气候,所以三者常有相得益彰的关系。昭觉县1982年实行退耕还林、退耕还牧,耕地面积比1976年减少3.55%,粮食作物产量反而增加63.4%,多种经营产值比1976年增加123%,多种经营产值在农业总产值中所占比重高达42%,充分显示出综合性大农业的优越性。事实上,昭觉县和整个凉山州近几年成长起来的专业户中,纯靠粮食种植而致富者为数极少,绝大部分都是靠畜牧、经济作物、经济林木或经营手工艺品才走上富裕之路的。专业户密布的地带,不是城镇附近的平坝,就是边远的山区。因为前者不仅致富门路多,而且有发展商品经济的良好环境,后者则有利用荒山草坡多养牲畜的独特条件。实际上,走专业户之路,开展多种经营的作用,还不仅仅在于增加彝族群众的收入,通过这条道路还能收到强化社会分工、搞活商品经济,进而改变彝家旧的生活方式和价值观念的功效。凉山彝家在解放前的漫长历史中生产力没有得到长足发展,除了地理和社会制度方面的原因之外,也与由分散居住所决定的自然经济大有关系。解放前,凉山虽有村落"但村落住户的排布和汉人村落不同,不是户户毗连,而是住户散布于斜坡或平坝之上。住屋与住屋间的距离,从二三丈到数十丈不等",而且村落规模也都在几户到几十户之间。① 至于城镇,则凉山腹心地区可说是根本没有形成。这种格局,本是自然经济之下生产力不发达的产物。反过来它又阻碍生产力的发展,起到鼓励自然经济的作用。这次我在雷波,曾问落水湖边一个彝家农户何不种些蔬菜拿到城里去卖以开辟生财之道。答曰:"县城非农业人口不过万把,剩下的农户所出产品大体相同,你有的我也有,谁也不用买谁的东西"。查雷波地处凉山边缘,是彝汉杂居之地,又是历史上从元到清历代长官司的衙属所在,数百年的发展才有如此规模,则凉山深处新设县的美姑、布拖等地县城之内,也不会有很多的非农业人口。这样低程度的劳动分工,对商品生产的发展和商品经济的

① 见本书第21页。

形成,是个极大的阻力。因此,凉山要现代化,就须发展商品经济,要发展商品经济,就须大力促进专业户的成长,使越来越多的人从分散的自然经济状态中解脱出来,使社会分工得到强化,使人口相对集中,使城镇在规模和数量上都大大增加。如果凉山腹心地区的每个县内都有三五个万把人的城镇,则许多事情都会好办得多。凉山彝家要现代化,这步棋就非走不可;而走了这步棋则生活方式和价值观念等方面的许多问题就迎刃而解了。

3. 走赤黑约日之路,发展民族地方工业。

凉山彝家在近几年的建设实践中,已经悟出了发展经济"无农不稳、无工不富、无商不活"的道理。虽然现在凉山的专业户成长如雨后春笋,虽然凉山的农业和多种经营的发展成功地解决了彝家的温饱问题,并肯定会使他们在几年之内达到小康。但我们在这里还是得承认,凉山的经济起飞不能单靠农牧林等第一产业的发展。更重要的动力有赖于第二产业即现代工业的壮大和繁荣。凉山的现代化不仅需要充分利用地面资源,而且需要把在地下沉睡千年的矿藏开发出来作为新的经济动力。而且,在发展工业当中,必须注意大量吸收当地的彝家青年。目前凉山的工业体系虽然初具规模,但真正扎根彝族群众之中,发挥自己的资源特长,由彝族企业家经营管理,主要招收彝家子弟并且使产品成功地打入国内各地市场的还为数不多。赤黑约日的布拖皮革厂在这方面仍堪称典型。凉山彝家应在政府的帮助之下,发扬赤黑约日精神,见缝插针,对地上地下资源尽量加以开发利用。通过自己的劳动,把应得的利润留在当地,把资源优势转变为经济优势;国家也应在各方面给民族地方的工业建设以大力扶持。建国 40 年来,国家对民族地区的经济支援,多采取补贴的形式。即各民族地方的财政收入,全部留在当地使用,支出部分也由民族自治地方安排,支大于收的差额,则全由国家给予补贴。近40年来,凉山州接受国家的补贴,数以10亿计。这从主观上讲,是国家关心民族地区发展的有力体现,但在客观上也造成了凉山彝家经济供给型、输血型,缺乏自身应有的活力。我们建议今后国家把对凉山彝家的支援重点转到对工业企业的技术指导和资金扶持上。以专项投资的方式,引导彝家有重点地兴办因地制宜的工业项目,并吸收彝家参与工业企业的生产和管理。在一定期限内让这些民族地方工业企业享受优惠的资金条件,以示鼓励。到期之后,即撤掉优惠措施,使之以平等条件参与全国范围内的竞争。以此激发凉山内部的经济活力,把彝家的经济从供给型变为经营型;从输血型变为造血型。让彝家人民从参与现代经济建设中得到培养和锻炼,体验竞争、创造、奋斗和进取之乐。通过繁荣工业这种新兴产业部门,凉山彝家不仅能收到预期的经济效益,而且将对凉山彝家的社会文化产生深远的影响。凉山的社会分工因此而得到加强,彝家与全国的经济文化联系会更加紧密,商品经济会因此而取得飞跃性发展。凉山彝家星罗棋布散居山中的传统居住形式也会很自然地发生改变。大批人口会随着工业的发展而实现相对集中,从而为生活方式和价值观念的现代化造成有利的环境。例如现在昭觉和美姑的许多电站在夏季都有过剩的电力,苦于无处输送。分散山中的彝家住户又因为架线引电得不偿失而不能享受现代技术成果。如果工业发展,人口相对集中,形成一些大的村镇,这样的矛盾就会被化解于无形之中。以前,许多人受左倾思潮的干扰,在搞建设中继续使用搞革命的经验,强调不破不立。对社会文化变迁的进程操之过急,结果事倍功半。如果我们反其道而行之,把工夫下在对新生事物、新兴产业部门的扶植上,让新的事物、新的生活方式、新的观念在与传统事物、方式和观念并存,通过比较与和平竞争而逐步占领阵地,则可能有更好的效果。我们认为在强大的社会主义国家经济为后盾的情况下,人们完全可以用"不立不破"的襟怀对待社会文化变迁中的生活方式与价值观念的改变问题。这样做了,也必然能收到事半功倍的效果。

4. 发展民族教育事业,为建设凉山彝家的现代经济文化准备人才。

我们已经把保护生态环境,发展多种经营和加速工业建设作为凉山彝家实现社会主义现代化的途径。那么,这些道路将靠谁来走,这么多的任务将由谁来完成呢?当然要靠凉山彝家。但是,要使一贯经营农牧业的彝家成为现代化建设的生力军,就不能光是指明道路和任务,还要通过发展教育去把凉山彝家用知识和科学技术武装起来。在本文的前面,我们曾一再倡导赤黑约日和专业户这两条道路,大谈多种经营与现代工业的意义。现在要指出的是:无论是赤黑约日这样的企业家还是数以千计的专业户,都是在党的民族政策和十一届三中全会方针所造成的新形势之下自发地成长起来的。尽管他们的成功经验为凉山的现代化闯出了切实可行的道路,但他们的数量毕竟是太少了。为了加速现代化的实现,凉山需要数以十万计的专业户,需要成百上千乃至成千上万个赤黑约日,需要整整一代具有现代科技知识、素质更强、水平更高的新人。这种规模空前的人才需求,当然不能靠自发成长来满足,而必须有计划地大力发展民族教育事业。

解放40年来,凉山已经形成了一套从小学到大专的民族教育体系。凉山大学的成立,更使这套系统得以完善。但是,我们从师资水平、校舍建筑、教育质量以及入学、巩固、毕业率等项指标考察,就会看到凉山彝家的教育事业还远远不能适应现代化的需要。以校舍为例,在我们考察所到的地区,只有县城以上单位的学校称得上完善,区乡以下就非常简陋,村一级的小学条件之差有不堪入目者。昭觉县城西乡拖堵村小学只有一间旧式房屋兼做教室办公室和教师宿舍,校内教师也仅有一个,还得兼做各种杂活儿,其教学质量可想而知是提不上去的。据统计,昭觉县1983年受过初中以上教育的人口不到10%,文盲却占到总人口的55%。全县7—11岁儿童的入学率仅有33%。以彝家人口的这种知识结构来应付现代化的挑战,显然会力不从心。因此,凉山彝家的干部群众应该把办教育与现代化目标结合起来考虑,花大力气培养人才。限于凉山现有的条件和群众的认识水平,凉山彝家的教育事业可以用两条腿走路的办法:即一面整顿巩固现有的普通教育体制,提高其质量,一面大力发展密切结合当地资源和生产生活实际的初、中等职业教育,并尽量在教学中使用彝家语言推广彝家文字,把办教育同群众发家致富的要求直接结合起来,以调动群众支持办学的积极性。我们也期待整个社会都对这一事业给与更多的关注,从师资和资金两个方面支持彝家的教育事业。

5. 广辟财路,开发旅游资源。

随着人民生活的显著提高,国内的旅游活动已逐步蔚成风气。这使我想到凉山潜在旅游资源的开发利用问题。将近50年前,我初渡马湖,泛舟水上,但见四周皆山,湖水洁净,波光粼粼,日光映在水上呈金黄色,加之空气新鲜,寂无声音,真给人心旷神怡之感。① 从此之后我对凉山旅游资源格外属意。通过三次的出入往返,我发现凉山天生丽质,景色之美更有胜过马湖者。马湖虽为凉山三大高峡平湖之一,但水面仅 10,500 亩。而西昌的邛海则有水面 35,000 亩,盐源县的泸沽湖更有 90,000 亩水面。三湖均处于万山丛中,四周林木葱茏,景色秀丽。邛海边上更有号称"川南胜境"的泸山。山麓古树参天,掩映着观音阁、玉皇殿、蒙段祠、青牛宫等 15 座依山建造的古代庙宇。登泸山览邛海,可见眼底烟波浩渺,沃野平畴;远处山村错落,田园风光。若值阴历六月二十四日彝家火把节之夜,更能看见漫山火把,令人生"谁把太空敲粉碎,满天星斗落人间"的遐想。讲到交通条件,凉山与峨眉、乐山之间可以乘车朝发夕至,惠而不费。成都、西昌两地乘飞机只用一个小时,方便快捷。论物质享受,三大湖水产丰富,能使人一饱口福,昭觉县竹核乡有大股温泉,玉池天成。游览山光水色,参观大熊猫的乐园——美姑县大风顶自然保护区,是巨大的精神享受。而凉山彝家独特的语言文字,服饰器物和待客礼俗更能时时处处给人以文化陶冶。这些资源如能通过适量投资,逐步加以整理开发,辅以宣传疏导,必能使无烟工业在凉山遍地开花。同时,大量的人员往来,还会使凉山彝家与国内乃至国际的交流和联系更加紧密频繁。凉山的多种经营事业将有更大的市场,凉山彝家的物质文明和精神文明建设,将得到有力的推动。

以上是我三上凉山之后经过多时思考得出的一些体会,也是

---

① 见本书第 126 页。

我向凉山彝家献上的一片心意。对于彝家的未来,我持有充分的信心。有人害怕现代化会使彝家失去民族特色,担心彝家的社会文化会被现代化的潮流席卷而去。根据个人对凉山彝家的了解,我相信此事绝不会发生。中国有世界上最开明的民族政策,凉山有独特的地理环境,凉山彝家能在这种社会和地理环境中用自己的双脚走上通向现代化的道路,他们就一定能够在这条道路上发展出有自身特色的新型社会文化。可以断言,曾在民主改革中打碎了奴隶制千年枷锁,赢得了一个新凉山的彝家人民,在现代化这场社会文化变迁中失去的只会是物质上的贫困和文化上的旧锁链,他们得到的将是一个具有现代化社会主义物质文明和精神文明的未来美好的凉山。近代史上,凉山彝家曾以千年奴隶制这一不光彩的社会标志引人注目。我相信,在不远的将来,凉山彝家会当以其绚丽多姿的现代化面貌,以其勇敢接受现代化潮流挑战,迅速建成本民族现代社会经济文化的成功经验而引人入胜,使世人刮目相看。我个人作为凉山彝家将近50年的老朋友,愿为促进这一天的早日到来而贡献余生!

林耀华先生学术年表*

1910年　3月27日出生于福建省古田县岭尾村。
1917年　在本村读私塾,后进古田县谷口镇小学读书。
1921年　转入南平县剑津中学附小学习。
1922年　考入福州英华中学读书。
1928年　从英华中学毕业,保送至燕京大学社会学系,师从吴文藻教授等。
1930年　发表《社会思想史和经济思想史的分别及关系》。
1931年　发表《拜祖》。
1932年　获燕京大学社会学系学士学位,毕业论文《严复研究》。获得优秀毕业生奖"斐陶斐奖"(燕京大学毕业生最高奖励)。同年开始在燕京大学研究院的学习。
1933年　发表《严复社会思想》《柯莱论生活研究法与农村社会研究》《'民族志'实地工作的方法》。
1934年　发表《生物历程和社会历程》《社会学方法发展概论》《社会历程之分析》《福建农村社会研究通讯》《闽谣研究》。
1935年　获燕京大学研究院社会学硕士学位,毕业论文为《义序的宗族研究》。

---

* 本年表由林宗锦撰写。——编者

留在燕大社会学系担任助教,其间给来华讲学的著名功能学派大师拉德克利夫-布朗(Radcliffe-Brown)做助教兼翻译。

发表《从人类学观点考察中国近代社会》《宗法与家族》《媒妁婚姻杂记》。

1936年　发表《野蛮乎文明乎》《并行》《科学和艺术》《文化的搭配》《亲属称谓和中国文化》《实事求是》《农村调查经验谈片(一、二)》《从人类学的观点考察中国宗族乡村》《闽村通讯(1—8)》。

1937年　经吴文藻先生推荐,获哈佛-燕京学社(Harvard-Yenching Institute)奖学金,赴哈佛大学研究院攻读人类学哲学博士学位。

发表《闽境僻壤中苗夷现状》《亲属称谓制度》。

1940年　6月获哈佛大学哲学博士学位,毕业论文 Miao-Man Peoples of Kweichow(随后发表于 *Harvard Journal of Asiatic Studies*, Vol.3, No.5, 1940)。

在哈佛大学做助教,开始撰写 *Golden Wing*。

1941年　完成 *Golden Wing* 的写作。参加在美国波士顿召开的第一届应用人类学会议。

与同在美国史密斯女子学院攻读经济学硕士的饶毓苏女士结婚。经香港绕道回国,奔赴西南大后方昆明,任云南大学社会学系教授。

1942年　受母校邀请任成都燕京大学社会学系教授兼主任。

1943年　首次考察凉山彝区。暑期7月2日开始进入川、康、滇三省交界的大小凉山彝族地区实地调查,历时87天,行程3000多里,奠定凉山研究的根基。

	发表《边疆研究的途径》《人与文化》《边教的我见》《应用人类学》《文化研究新动向》《川南边区考察记》。
1944年	*Golden Wing: A Family Chronicle* 在纽约出版。
	暑期进入康北藏区调查，发表《西康关外考察记》。
	发表《现代的人类学》《英美人类学知识应用于行政领域的借鉴》《分析语言意义对于文化研究的贡献》《大小凉山考察记》《大凉山罗罗的阶级制度》；
	发表 A Brief Account of Yenching Expedition to the Lolo Community Social Life of the Aboriginal Group in and around Yunnan。
1945年	暑期携研究生陈永龄考察川康边界嘉戎藏族，完成《四土嘉戎》（因战乱书稿在出版社遗失未出版）。
	发表《近代社会研究的综合观点》《康北藏民的社会状况》《川北边区考察记》。
1946年	北平燕京大学复校，回京继续担任社会学系教授兼主任，后社会学系一分为二，任民族学系主任，直至1952年院系调整。
	发表《川康滇交界的罗罗彝区》《西康北部的藏番区域》《川康北界的羌戎区域》。
	发表 Kinship System of the Lolo。
1947年	*Golden Wing: A Sociological Study of Chinese Familism* 在英国出版。
	《凉山夷家》由上海商务印书馆出版。
	发表《人与人关系的研究》《社会研究四大学派的评判》《川康北界的嘉戎土司》。
1948年	发表《训练、服务和研究》《川康嘉戎的家族与婚姻》。

发表 Kinship System of the Giarung。

1949 年　10 月 1 日率燕京大学学生到天安门广场登台观礼开国大典。

1950 年　带领燕京大学、清华大学和北京大学三校师生赴内蒙古呼纳盟进行少数民族实地调查。并任中国科学院（前身为中央研究院）社会科学研究所兼职研究员。

1951 年　参加中国科学院组建的西藏科学工作队，任社会科学考察组组长，在藏区进行为期一年半的社会调查。
《从猿到人的研究》由北京耕耘出版社出版。

1952 年　从西藏回京，调入中央民族学院任教授、研究部藏族研究室主任，兼任北京大学历史系教授，加入中国民主促进会。

1953 年　赴东北内蒙古地区进行达斡尔族民族识别工作。

1954 年　率云南民族识别调查组进行民族识别工作，历时半年之久，首先确定了彝族、白族、傣族、苗族、回族、佤族、哈尼族、傈僳族、拉祜族、纳西族、景颇族、藏族和瑶族，还识别了 68 个大小族体，有的给予正名，有的划分了归属。主编《云南省民族识别研究第一、二阶段初步总结（一、二）》。

1955 年　发表《西藏社会概况》（合作）、《达斡尔民族亲属和风俗习惯的调查报告》（合作）、《波密简述》（合作）。

1956 年　中央民族学院创办历史系，任副系主任，设立民族学专业。
出席在苏联列宁格勒召开的全苏民族学会议。
参加中央组织的各学科专家讨论，制定"十二年科学研究规划"工作，为民族学规划组两位召集人之一。

主编《原始社会史教学大纲》。

发表《当前民族工作提给民族学的几个任务》(俄文)、《苏联民族学近年来的成就》、《关于少数民族识别问题的研究》(合作)、《关于原始社会史的几个问题》。12月加入中国共产党。

1957年—1958年　发表《当前民族工作提给民族学的几个任务》(中文)、《中国民族学当前的任务》(合作)。

发表 Ways of the Life Among China's Minorities(合作)。

进行广东北部苗族,海南岛黎族、苗族田野调查。

1958年—1959年　带领一个由百人组成的调查组赴云南进行少数民族社会历史调查,任组长,为期近两年。

1960年　获选为北京市群英会个人代表,参加全国教育、文化、体育、新闻方面社会主义建设先进单位和先进工作者代表大会。

1961年　《凉山夷家》英译本在美国出版。

发表《中国的经济文化类型》(与切博克沙罗夫合著)刊于《苏联民族学》杂志,日译文连载于《东亚民族学论文集》第2—4集。

发表 The Minority peoples of Yunnan。

1963年　发表《关于民族一词的使用和译名问题》。

1964年　担任《辞海》第一版编委会委员、分科主编。

赴贵州、云南、四川考察,重点是云南的西双版纳和景洪,进行傣族、佤族、布朗族、景颇族、纳西族田野调查。

发表《对我国藏族、维吾尔族和傣族部分地区解放前农奴制度的初步研究》(合作)。

1965年　兼任中央民族学院留学生办公室主任。
参加广西三江侗族地区的"四清"工作。

1966年—1968年　"文化大革命"受迫害,被扣上"反动学术权威"帽子,被批斗、关"牛棚"。

1969年—1971年　下"五七干校"劳动。71年夏回京。

1972年　任中央民族学院研究部负责人。
与吴文藻、谢冰心、费孝通等人组成翻译组翻译《六次危机》《世界史》等著作。

1975年　第二次赴凉山考察。
到保定附近解放军某部学军。

1977年　参加中宣部召开的座谈会,致信有关领导人,强调恢复民族学学科。
《金翅》由台湾桂冠图书公司出版。
10—12月以及1979年1月,为撰写《原始社会史》,率项目组师生共赴陕西、河南、山东、浙江等重要考古遗址考察,充实资料。

1978年　招收原始社会史专业硕士研究生。
发表《试论原始社会史分期问题》。
《凉山夷家》台北南天书局重印。
参加中国社会科学院召开的"民族研究规划会议",做了"关于民族学的研究和设想"的发言。
参加为恢复社会学学科的座谈会。

1979年　当选中国社会学会副会长。
任国家民委学术委员会委员,国家民委"民族问题五种丛书"编委会副主任和民族文化宫顾问,陪同日本大阪民族学博物馆代表团到昆明、长沙、桂林考察。

接待英国学术代表团,并邀请著名民族学家费思爵士到民族学院主讲座谈;接待日本全国民族学代表团;接待美国社会科学代表团及接待美国地理学会代表并座谈。

招收民族学专业硕士研究生。

发表《摩尔根以来的原始社会研究》(合作)。

应联合国教科文组织之邀,出席在墨西哥召开的"拉丁美洲区域会议",应墨西哥国立艺术研究院之邀,参加在塔巴斯科州召开的"我们时代的文化和人道主义的前景会议"。

1980年　任中央民族学院民族研究所所长。

参加中国民族学会第一届会议,当选中国民族学会副会长。

任《中国大百科全书·民族卷》编委会成员及民族学编写组主编。

发表《原始社会的分期问题——兼论氏族的起源》《从历史发展看当前我国民族学的对象与任务》(合作)。

1981年　任国务院学位委员会法学评议组成员。

当选中国人类学会主席团成员。

应日本外务省国际交流基金会邀请赴日访问,并受聘为日本国立民族学博物馆高级研究员。

发表《新中国民族学的研究与展望》、《关于民族学研究的对象和民族社会性质的研究》、《从拉美之行看到的民族学问题》、《积极开展我国民族学的研究》、《中国西南部几个不同类型的民族》、《再论原始社会早期的分期问题》(合作)。

1982年　任国家民族事务委员会委员。

参加在西宁召开的中国民族学会第二届会议。

赴美国出席美洲民族学会140周年年会,发表Yizu of Liang Shan, Past and Present,并在哈佛、耶鲁等五所大学讲学。任国际人类学民族学联合会主编《当代人类学》杂志通讯编辑。

发表《关于民族研究的几个问题》《为实现党的十二大提出的宏伟目标而奋斗》《访日观感》。

1983年　创办中央民族学院民族学系,兼任系主任。招收民族学专业博士研究生。

任"当代中国"丛书《当代中国的少数民族》卷编委会委员。

作为中印友好代表团成员访问印度。出席在东京召开的第三十一届亚洲、北非人文科学会议。参加在菲律宾召开的第九届亚洲历史学家国际联合会会议。

发表《创办民族学系,培养民族学人才》、《什么是民族学》、《人类学与民族学方面的中美学术文化交流》、《关于原始时代家族公社问题》(合作)。

1984年　第三次上凉山进行实地考察。

主编的《原始社会史》由中华书局出版。

出席在曼谷举行的泰国研究第一届学术会议,并在朱拉隆功大学讲学。出席在北京召开的联合国教科文组织主持的种族主义问题国际学术讨论会,做"关于民族、少数民族和种族主义的问题"的大会发言。

发表《马克思主义民族学的创立》《中国西南地区的民族识别》《马尼拉见闻随感》《我在哈佛的读书生活》。

1985年　出席联合国主持的在日本东京郊区大矶市召开的"东亚前景规划会议"。

论文集《民族学研究》由中国社会科学出版社出版。

发表《恩格斯与民族学》、《中国民族学的回顾与展望》（合作）、《傣族封建领主制向社会主义的过渡》（合作）、《深切怀念马克思主义史学家翦伯赞同志》（合作）。

1986年　任中央民族学院民族研究所名誉所长、民族学系名誉主任。

赴新疆维吾尔自治区和田地区夏合勒克做社会历史调查。

参加在英国伦敦和南安普敦召开的考古学大会第十一届会议。出席联合国主持在澳门召开的东亚前景规划第三次学术会议。

发表《解放前后中国保留原始和奴隶社会制度的少数民族》《三上凉山》《民族学》。

1987年　任《辞海》第二版编委会委员兼分科主编。

中央民族大学授予"终身教授"。

发表《吴文藻传略》（合作）。

1988年　为大陆中文版《金翼》撰写新序言。

1989年　《金翼》由三联书店出版。

出席费孝通教授"中华民族多元一体格局"研讨会并发言。

中央民族大学集会祝贺林先生从教55年。

1990年　主编的《民族学通论》由中央民族学院出版社出版。

《金翼》（繁体字版）由三联书店（香港）出版。

1991年　从1991年7月起享受国务院颁发的政府特殊津贴。
发表《认识中华民族全局结构的钥匙》《中国少数民族的社会文化类型及其社会主义现代化过程》。

1992年　随中央民族学院代表团出访韩国并出席学术会议。
委托博士研究生潘蛟同志（彝族）再上凉山，第四次考察彝族社会。
发表《壮族传统文化的百科全书——读〈布洛陀经诗译注〉》（合作）、《我在成都燕京大学进行实地调查所经历的危难二三事》。

1993年　发表《试论等级制度观念在当代凉山彝区的残存》。
发表 A Comparative Study Between the Chinese Koreans and Other Minority Ethnic Groups in Northeast China。

1994年　发表《机遇与挑战——面向21世纪的中国民族学》。

1995年　《凉山彝家的巨变》由商务印书馆出版。
在北京大学举办的国家教委首届社会文化人类学高级研讨班上发表书面发言。
中央民族大学集会祝贺林先生从教62年。

1996年　参加吴文藻先生逝世十周年纪念会并发表讲话。

1997年　《民族学通论》修订再版。《内蒙古呼纳盟民族调查报告》（合作）由内蒙古人民出版社出版。
赴云南昆明出席国家教委第二届文化人类学高级研讨班。

1998年　继续带民族学专业博士研究生。

1999年　《林耀华学述》由浙江人民出版社出版。

2000年　6月《义序的宗族研究》由三联书店出版，《金翼》由三联书店再版。

9月《从书斋到田野》由中央民族大学出版社出版。

11月27日在北京逝世,享年91岁。学校师生学界同仁同心致悼。家属遵照先生遗愿,捐出先生稿费十万元作为四川凉山大学彝学专业学生奖学金。

《凉山彝家》：内外兼修的民族志典范

嘉日姆几

《凉山彝家》与我个人生活有多层交集，每次阅读都有很不相同的感受和联想。近日，商务印书馆计划再版《凉山彝家》，并收入"中华现代学术名著丛书"，约我写篇导读，我欣喜若狂。借林先生字里行间极具穿透力的文字表达自己的感受，有种被照耀和温暖的喜悦，我愿意将此喜悦背后的交集写出来，与读者共享文本内外的精神世界与际遇。

笔者只见过林耀华先生一面。1996年冬天，笔者在云南民族大学读在职研究生。有一天上午十点半左右，笔者正好在西区学生宿舍的"民族走廊"上晒太阳，只见一个高个子帅哥迎面朝我走来，老远就向我打招呼。他笑着问我，"你是哪个民族的？"，我回答，"彝族"。他说，"你听说过林耀华吗？"我说，"是不是《凉山彝家》的作者？"他说，"就是林先生，你想不想见他？"这位高个儿帅哥就是林耀华先生的大弟子庄孔韶老师，日后成为了笔者的博士生导师。原来庄老师与林耀华先生一道在昆明莲花宾馆参加一个学术会议，会议第二天才开始，庄老师因要去拜访另外一位先生，需要耽误一个下午，怕当时已86岁高龄的林先生孤单而来到云南民族大学校园，所以寻找一个合适的人陪林先生说说话。就这样，我与林耀华先生聊了一个下午。记得他询问了我很多关于云南小凉山彝族的事情。回到宿舍以后,我从图书馆借来了《凉山彝家的巨变》(商务印书馆1995年版),完成了《凉山彝家》的第一次阅读。

五年后,我成为了庄孔韶老师的博士研究生,开始了人生中最如醉如痴的阅读和学习生涯。2000年前后,位于北京大学南门的"风入松"书店是当时北京最火的学术书店,无论有钱没钱,我每周都会逛"风入松"。2002年末,我揣着300元去"风入松"买书,选好书正准备结账时发现,书店服务台的左手边设了一个特价区,里边的书基本上都是五折处理。我怀着淘宝的心情走进特价区,书壳暗黑的《凉山彝家的巨变》瞬间引起了我的注意,该书原价才17.3元,打上五折后更便宜了。我拿着书翻阅时忽然涌出一股忧伤感,一者感叹林先生和他的弟子们历经千辛万苦写出的巨著沦落到半价的命运,二者感叹书中所写的凉山彝家也同该书一样悄然无声。读着读着,我忽然产生了把所有《凉山彝家的巨变》全部买走的想法,我来到服务台询问后知道该书店一共有22本库存,于是我买走了风入松当日所有的《凉山彝家的巨变》。

回到宿舍后,室友蒋立松问我为什么买这么多《凉山彝家的巨变》,我回答说,首先我是彝族人,不愿意看到写本民族的书无人问津;其次,我是林耀华先生的再传弟子,看到林先生的书摆在特价区心里比较难过,所以就买了二十多本书。我还告诉室友,我会把书放在书架上,愿意阅读的同学们可以自己拿走不必告诉我。室友听了后,默默拿走了一本,当天晚上他就把这事告诉了所有的博士同学,第二天中午等我下课回到宿舍时,22本《凉山彝家的巨变》全部被同学们取走,连我自己都没能存上一本。看到这一幕我高兴得和室友连续醉了好几天,因为所有的书都物归其"主",让民族学的博士生阅读该书应该是《凉山彝家的巨变》最大的价值和尊严。

以上缘分意味着我读《凉山彝家》有着多重身份。从民族身份来看,我是林先生的书写对象,但从学缘上来讲,我又是林先生的再传弟子,这种既是局内人也是局外人的双重性使得笔者阅读该书时的心境有别于一般读者,我的感想和收获应该能体现出这本民族志的价值。细细阅读和思考之后,笔者发现我的"内外之别"同样也是林耀华先生在书写《凉山彝家》时的"内外之照":文本的内与外、文化的内与外、价值的内与外、族群的内与外、阶级的内与外、凉山的内与外乃至国家的内与外同样是《凉山彝家》的匠心与关切,这自然也是该书作为民族志经典的他者之"眼",笔者将其总结为"内外兼修的民族志典范"。

一、凉山的内与外

> 九一八事变危机后,由于日本积极鼓动和策划满蒙独立,中国出现了边疆危机。以吴文藻师为首的前辈学者随之掀起边疆政治研究以示对抗。①

学术与国家的命运总是紧密相连。"九一八"事变后,策划和鼓动中国境内的少数民族独立而达到分裂中国的目的成为日本侵

---

① 林耀华:《林耀华学述》,浙江人民出版社1999年版,第63页。

略者的政治和文化策略,中国的知识分子自然也卷入了战斗。

1937年抗日战争全面爆发,国家的政治、学术机构为避敌锋而南迁西移。大批学者云集西南,对于怎样开垦、治理像西南这样的边疆少数民族地区,实行各民族一律平等,铸成有力的中华民族统一战线,维护祖国的统一等问题研究,便随之成为显学。①

研究边疆少数民族的文化和历史既是知识分子们的使命也成为当时的国家需要,这就是民国影响深远的边政研究。在此背景下,以研究异族群和异文化见长的民族学和人类学成为了显学,《凉山彝家》因此成为了时代的前沿之学,它的诞生既是时代的必然也是学术的必然。为了保护国家的"文脉",抗日战争爆发后,东部地区大量的高校开始南迁西移,造就了一批如西南联合大学等日后名震天下的高校。吴文藻先生也转移到昆明并在云南大学、西南联大任教,随后也邀请了他在燕京大学时培养的学生费孝通、林耀华等入滇工作。林耀华先生于1941年取道香港入滇与吴文藻先生汇合并在云南大学任教,半年后,因燕京大学成都分校社会学系需要有人主持,吴文藻先生就派林耀华先生到成都担任燕京大学成都分校社会学系代理主任一职,"一直待到抗战胜利后才随燕大返回北京复校"②。在此期间,林耀华先生深入凉山、甘孜和阿坝的彝族和藏族社会做调查,先后完成了《凉山彝家》《四土嘉戎》

---

① 林耀华:《林耀华学述》,浙江人民出版社1999年版,第63页。
② 同上。

两部民族志,为日后从事中国民族学的教学和科研积攒了深厚的素材与经验。凉山彝家就是林耀华先生回国后第一个深入实地研究的少数民族,而深入凉山一直是林耀华先生早年的学术梦想。

> 在那些西方传教士和探险家的游记中,凉山的黑彝是所谓雅利安人的后代,或属于高加索人种。他们生活在一个与古罗马相似的社会制度之下。①

凉山彝族一直以"高鼻、深目和卷发"的"欧洲脸"被西方传教士和探险家渲染为雅利安人的后裔,"独立罗罗"因此成为民国学者理解凉山政治的异域想象。这样的学术想象隐藏着西方学者从文化上肢解中国的学术目的,也暗合日本人分裂中国国家一统的文化策略。因此,测量凉山彝人的体质和探寻凉山社会结构成为林耀华先生原初的学术动机,《凉山彝家》的成书由此蕴含了浓厚的国家意识。这种意识具有双重含义,从政治上来讲是维护国家统一的需要,而从学术上来讲则是用西洋之学甄别西洋之说。因此,《凉山彝家》从酝酿之初就具有很强的时代特征而非所谓的价值无涉,林耀华先生将此外来之力真诚地表现在《凉山彝家》的调查和书写过程中,让我们由外至内深切体验到民国时期凉山的实势与脉搏,同时也在文本的内与外感受到彝汉隔阂与互通的冷冷热热。

---

① 林耀华:《林耀华学述》,浙江人民出版社1999年版,第62页。

二、文本的内与外

1947年版的《凉山彝家》由正文和两个附录构成,正文和附录构成了一种内外关系。正文的内容分为区域、氏族、亲属、家族、婚姻、经济、阶级、冤家、巫术九章,这个看似随意的章节安排实际上蕴含着深刻的学理和学术规范。九章正文实际上是1+4+4的关系,第一章"区域"是对地理空间的概括,第二至五章描述的是凉山彝族的社会组织,第六至九章描述的是凉山彝族的社会制度,九章正文因此由地理概括、社会组织和社会制度三个部分构成。

正文		
地理概括	社会组织	社会制度
区域	氏族、亲属、家族、婚姻	经济、阶级、冤家、巫术

作为社会组织的氏族、亲属、家族和婚姻相对而言是静态的,具有持久的结构性特征,其变化的节奏是缓慢的;作为社会制度的经济、阶级、冤家和巫术是凉山彝家最为活跃的社会动力,其间的张力是凉山彝族社会不断发展的社会表现。因此,林先生实际上是按照"静"和"动"两个部分来描述凉山彝族的社会结构,两个附录其实也对应着"静"与"动"的关系,"倮倮的亲属名词"对应的是作为静态的亲属称谓,呼应了摩尔根的亲属称谓的变化慢于社会变迁的思想;"川边考察纪行"从考察队员来回辗转的视角呈现了凉山彝族社会与内地汉人社会的关系,更加生动地呈现了凉山彝族社会的"动"。《凉山彝家》中"静"与"动"的安排实际上就是人

类学结构功能学派的结构与功能之间的关系,而结构功能主义的代表人物拉德克里夫·布朗曾访问过燕京大学。

> 1937年去哈佛之前,我在燕京读的是社会学,其间通过与拉德克里夫·布朗的特殊关系而接触到社会学。其实,在拉德克里夫·布朗眼里,社会人类学就是社会学。①

引文中林耀华先生与拉德克里夫·布朗的"特殊关系"指的是林先生曾担任过后者访问中国时的教学助理。1935年秋,这位英国人类学结构功能学派的代表人物应吴文藻先生的邀请,在燕大开设了为期一个半月的"比较社会学"课程,还主持了"中国乡村社会学调查"讨论班,共有百余名学生研习这两门课程。林耀华当时是燕大的研究生,经举荐做了布朗在燕大讲学期间的助教,并在布朗指导下,完成了《从人类学观点考察中国宗族乡村》等文章②,林先生的硕士论文《义序的宗族研究》也得到了布朗的指点③。结构功能学派的"动静之学"由此影响到林耀华先生的学术研究,无论是他在家乡完成的《义序的宗族研究》《金翼》④还是《凉山彝家》,对社会的动静之观一直是林先生描述不同区域社会组织的根本视点,林先生在晚年的学术自述中特别强调了布朗对其的影响。

---

① 林耀华:《林耀华学述》,浙江人民出版社1999年版,第57页。
② 刘雪婷:《拉德克利夫-布朗在中国:1935—1936》,《社会学研究》,2007年第1期。
③ 林耀华:《林耀华学述》,浙江人民出版社1999年版,第34页。
④ 详情请参见林耀华:《义序的宗族研究》,三联书店2000年版;林耀华:《金翼:中国家族制度的社会学研究》,商务印书馆2015年版。

比如他的结构-功能论,就对我产生了不少影响。拉德克里夫-布朗与马林诺夫斯基一起被视为功能学派的创始人,但拉德克里夫-布朗更强调社会体系的结构原则和规范在社会功能上的一致性。他认为某种社会结构是当地社会关系的一种特定安排。不同的个人和群体在其中彼此调和各自的利益。研究一个社会,就要搞清楚它的这种结构及其中的各种关系,了解它们之间的互动互补性以及它们发挥的彼此连贯的社会功能。结构功能学派影响了中国人类学、社会学界的一大批人。我也试图用这种理论研究中国的社会问题,并在报章上写了一些介绍性的文章。①

正如林耀华先生的评述,作为动静之学的结构功能主义的优点在于可以清楚考察同一社会结构中的各种关系,林先生在《凉山彝家》中用区域、氏族、亲属、家族、婚姻、经济、阶级、冤家、巫术九个术语来表述凉山彝族社会结构中的各种关系,这九个术语既是《凉山彝家》的文本章节也是林先生所理解的凉山的社会系统,其所呈现的共时性社会空间一目了然。如果我们稍加归纳,就回到了社会组织与社会制度的"动静"之学上来了,林耀华先生用此视角解剖的凉山彝族社会结构的知识因此汇聚了不少真知灼见,由于《凉山彝家》涉及的知识点很多,下文只能列举一二来讨论。

---

① 林耀华:《林耀华学述》,浙江人民出版社1999年版,第34页。

（一）关于"地界"的认识

迄今为止，学界用来分析凉山彝族社会结构的概念主要有三个：家支、等级和奴隶制。家支彝语称为"次维"，指来源于共同血缘祖先的男性成员，与汉语中的"宗族"和英语中的"lineage"大致对等，我们可将其理解为群体之间的左右关系。等级主要用来分析黑彝、白彝和奴隶之间的政治隶属，可以将其理解为群体的上下关系。奴隶制由于涉及家奴的外来属性，基本上指的是凉山彝族社会的内外关系。家支、等级和奴隶制三个概念指涉的左右、上下和内外从不同角度描述了凉山彝族社会结构的特征，不过，此三个概念的不足之处依然明显——过多强调了凉山彝族社会的"分"。我们由此可以看到凉山彝族社会的张力与矛盾，但此视角并不足以呈现凉山彝族社会的社会团结，因为在外界看来，凉山彝族社会的整合度很高，有人甚至将其理解为有别于内陆社会的"独立罗罗"，那我们应该用什么样的概念来分析和理解凉山社会的"合"呢？

> 氏族支系分散各区之后，彼此若非有特殊事情，平日也不相往来。主要的社会团体，当以氏族村落为一关系密切的单位。氏族村落含有两种条件的结合：第一，在血统上氏族系同一父系祖先所传蕃下来的子孙。第二，在区域上村落占据一定的地理范围，为全村人民生活的根据地。质言之，氏族村落是血缘地缘的两重条件的结合。①

---

① 见本书第21页。

林耀华先生尝试着从氏族的血缘、地缘两重性来解释凉山彝族社会结构的团结问题。很明显,由于彝族村落的构成既有作为领导者的黑彝家族,也有作为属民追随他们的白彝家族,更有由黑彝、白彝共同占有的家奴,他们之间的团结如何实现?有某种东西肯定将这三者连为一体,要不凉山彝族社会将失去其整体性而分崩离析,此东西应该还具有能超越家支、等级和奴隶制的某种公共属性,它到底是什么?林耀华先生认为,此属性应该就是建立在地缘和血缘认同之上的氏族组织,其运作通过对外攻伐而达到某种程度的社会团结,这就是他将冤家械斗理解为社会机制的原因。①在《凉山彝家》里,凉山彝族的地域认同在形塑社会团结的作用上并不亚于血缘认同,林耀华先生多次用"地面"、"地域"和"区域"来描述这种具有政治属性的认同形式,以此弱化阶级矛盾和民族隔阂纠缠互生的社会张力。

任何人进入彝区,没有不感觉到彝人冤家打杀的普遍现象。冤家的大小恒视敌对团体的大小而定,有家族与家族间的冤家,有氏族村落间的冤家,也有氏族支系间的冤家。凉山彝家没有一支一系完全和睦敦邻,不受四围冤家的牵制。考察团入凉山路经马颈子西去,保头里区打吉与其侄老穆同时失踪,由阿着哲觉率领我们前行。后来到捉脚拉达才会见里区叔侄。原来马颈子以西为补既支地面,补既支与里区支系世代的冤家,彼此仇杀报复,已不知经过了多少次数。冤家不能逾越冤家的区域,所以里区叔侄因要避免冲突,暗中绕道他

---

① 见本书第97页。

途而去。①

里区打吉和老穆的"地面"在美姑县核心区域三河以打和巴普,他们从雷波县城回家需要经过冤家的地面,所以他们在离开雷波之前邀请了中立的阿着哲觉加入护保行列。此举动实际上揭示了凉山彝族社会不同氏族间的联盟制度,冤家之间的械斗是部落攻伐的常态,但冤家械斗必须控制在一定的范围,其目标是掠夺财物而不是完完全全的杀戮。"倮倮不重杀戮,视人命很宝贵,或系由于人口稀少之故"②,林耀华先生虽然看到了这种冤家械斗的政治功能但并没有揭示其后"地面"认同的本土观念及其政治意涵。事实上,凉山彝族将被林耀华先生称为"地面"或者"区域"的地域政治称为"mu ddi","mu"意为"地","ddi"为"界",我们可以将其翻译为"地界"。③ 每个地界由一个黑彝家支和几个强大的白彝家支及他们的家奴组成,他们构成一个利益集团。每个"地界"中的黑彝和白彝多数情况下都认为有血缘关系,这些血缘关系除了反映在有关谱牒的传说中以外,还体现在现实生活中的拟亲实践。同一个地界中的所有人往往都用宗亲亲属称谓来称呼彼此,此拟亲实践真实地影响着"地界"内每个人的称呼、言行举止和行为,这些人既包括黑彝、白彝,还包括他们的家奴。换句话说,家奴与主人之间是拟亲关系,一个黑彝小孩往往称呼年长的奴隶为叔叔或

---

① 见本书第88页。
② 见本书第93页。
③ 嘉日姆几:《晚清云南小凉山彝族迁徙传说中的族际关系与区域政治——一项走出"费孝通困惑"的尝试》,《西南民族大学学报(人文社科版)》,2018年第2期。

者伯,年龄相仿的主奴之间一般以兄弟相称。地界与地界之间既是对立也是联盟,他们之间的对立往往通过共同的姻亲来调解(这就是里区打吉邀请阿着哲觉参保的原因)。因此,地界可以通过对立来促进同一地界的内部团结,也可以通过联盟来管控不同地界的纷争,而同一地界内部由家支、等级和奴隶制度带来的分离倾向则由拟亲实践来化解,"地界"由此从内外两个方面整合了凉山彝族社会的各种张力,以一种微妙而有效的方式维持着凉山彝族社会的整体性。在《凉山彝家》中,林耀华先生不仅敏锐地将此整体性归纳为基于血缘和地域的两重性,还将其理解为凉山彝族社会结构的功能性后果,由于"地界"的整合性弱化了阶级斗争的张力,在后期阶级斗争的话语中林先生曾一度怀疑过此独到见解的正确性。

1958年的"拔白旗"运动中,……我的《凉山彝家》被当作了"白旗"和大毒草来批判。由于当时去凉山考察的经费是由中国抗建垦殖社、罗氏基金会①和哈佛-燕京学社等机构提供的,从而我对于凉山彝家的研究也被当作为美帝国主义侵略和国民党统治服务的研究。由于当时我采用的是功能学派的理论和方法,从而我便成了掩盖阶级斗争,鼓吹阶级调和论的典型。在那个年代的语境里,这些指控,似乎都是事实,以致我无法辩解,觉得自己过去完全错了。……在很长一段时间里,《凉山彝家》这本书实际上成了我极力想抹去,但又无法抹去的过去。我既忘不了过去在凉山的经历,又极不愿意去回

---

① 指美国洛克菲勒基金会。

忆它。①

林耀华先生在晚年的学术自述中谈到,《凉山彝家》因为跟民国的边政研究和燕京大学有关而受到了批判,尤其是其采用的功能主义方法因"掩盖"阶级斗争而成为阶级调和论的典型。此处的"阶级调和论"实际上就是指林先生上述关于"地面"认同和"有限"冤家械斗的描述与讨论。无论从学术上和历史上来看,林耀华先生关于凉山彝族社会的功能主义解释应该是正确的,因为我们无法想象一个完全充满阶级压迫和斗争的社会会正常运转。当然,这样的解释并不是为了美化建立在等级制度上的野蛮的奴隶制,相反,笔者更想说的是功能主义解释可以揭露出奴隶制度在凉山长期存在的原因并不仅仅根植于经济压迫,凉山彝族的文化制度仍然以某种更为自然和温和的方式参与了奴隶制度的维持与再生产,此温和性实际上就是凉山彝族社会的内部属性与视角,它与凉山对外掠夺奴隶的野蛮性一道构成了《凉山彝家》另外一组与动静之学有关的内外视角。

(二)奴隶制的外部因素

理论方法上,我当时是带着功能、平衡论的观点去考察凉山彝家社会的。在考察中,我没有像后来那样以古代希腊、罗马为参照,认定这是一个奴隶制社会,是人类社会进化遗留下来的活化石。在《凉山彝家》这本书中,我甚至几乎没有用到

---

① 林耀华:《林耀华学述》,浙江人民出版社1999年版,第83页。

"奴隶"这个术语,用以取代它的是当地汉人所称的"娃子"。①

林耀华先生是目睹凉山奴隶制度为数不多的学者之一,《凉山彝家》参与、观察和描述了凉山奴隶制度运行的日常,其价值因此无法估量。由于林先生考察的是凉山腹心彝族村落的日常生活,社会组织和制度的运作成为其探索和解释的重点,黑彝、白彝和奴隶三个等级之间的矛盾只是其中的一个部分,但这种弱化阶级斗争的功能主义视角却受到了后人的批评。因此,林耀华先生在晚年的自述中检讨到,"我甚至几乎没有用到'奴隶'这个术语,用以取代它的是当地汉人所称的'娃子'",而恰恰是从"娃子"到"奴隶"的认识暗含了理解凉山奴隶制度的另外一种视角。

"娃子"是四川汉族对小娃娃的称呼,并没有什么贬义,但这个词为何用来指称凉山彝族社会里的家奴,林耀华先生并未解释。家奴一般是未成家的单身男女,主人家就用"阿以"来呼叫,意思就是"小娃娃",这估计是"娃子"的最初起源。在《凉山彝家》中,林耀华先生实际上将凉山彝族社会分为黑彝、白彝和汉娃三个等级,他直接用"汉娃"来代替"娃子"。

> 汉娃在彝地中又自成一级,居最卑的位置。黑彝家的白彝锅装娃子为数甚少,多数实系汉娃。白彝不能奴使白彝,但可捆掳或购买汉人以为奴娃,俗称三滩娃子。白彝只为黑彝奴娃,汉人又为白彝奴隶,汉娃所居地位的低微由此可见。②

---

① 林耀华:《林耀华学述》,浙江人民出版社1999年版,第75页。
② 见本书第83页。

林耀华在上文中写得很清楚,"汉娃"指的就是在黑彝和白彝家中做奴隶的汉人,他们已经构成民国时期彝族村落中的第三等级,处于最低微的处境和位置,这第三等级绝大多数为汉人,白彝为数很少。由此可见,"汉娃"奴隶超越了凉山而以外界汉人社会有很大的关联,凉山的奴隶制度并不能用后来的进化论观点来解释,换句话说,凉山彝族社会的奴隶制并不是独立发展的,它与内陆汉人社会的发展密切相关。问题是,这么多的汉人是如何上凉山且成为"娃子"的呢?林耀华先生在《凉山彝家》中接着解释到:

> 汉娃的来源都是彝人从汉地边区掳掠而来。掳掠之法有时半路埋伏,劫捆行人,有时夜半结队攻击汉村,有时冤家决斗俘虏对方,甚至汉人或因贸易买卖,或因开垦种植向彝家投保,中途彝人反保掳为奴娃者,亦所在多有。①

林耀华先生列举了彝族人如何掳掠汉娃的几种方式,但上述方式只是一种凉山的内部视角,并未强调其与外界有着更为紧密的政治经济联系,因为外界汉族军阀、不良商人实际上也参与了汉娃的掳掠与贩卖,而他们参与奴隶买卖和掠夺与鸦片在凉山的大量种植和暴利直接相关。林耀华先生的弟子、著名彝族学者潘蛟续上了该话题,他于1987年在中央民族学院学报上发表了《试述鸦片种销对近代凉山彝族地区社会发展的消极影响》一文,深入探讨了凉山彝族奴隶制度与鸦片种植之间的关系。潘蛟认为鸦片种销促使彝汉反动势力狼狈为奸,出于对财富的贪婪追求,汉区一些

---

① 见本书第83—84页。

贪官、奸商、地痞与彝区奴隶主相互勾结,从事贩卖人口活动。例如甘洛县的伪中队长汪某常在汉区打着招兵的幌子,把汉人骗到彝区卖作奴隶,他一年能成交100人左右,一共卖了五六年。① 民国时期,因凉山腹地大量开垦种植鸦片,凉山周边如雷波、马边、峨边和乐山等地每年有不少于万人雇工进入凉山,他们中的大多数人基本上沦为汉娃。② 潘蛟的研究拓展了林耀华先生关于汉娃如何进入凉山的解释,凉山的奴隶制度是反动的统治阶级开历史倒车的结果,也是彝汉剥削阶级互相勾结的反动现象:

> 但是,鸦片种销的发展,对于凉山彝区奴隶社会的影响却是巨大的,它给落后于时代步伐的彝区奴隶社会带来一时活力,促使彝族奴隶主阶级同汉区封建反动势力同流合污,为彝区奴隶社会制度的巩固和扩张创造了条件。由此可见,在阶级社会里,出于对共同剥削利益的维护和追求,发达社会中的剥削阶级竭力去支持和维护另一个落后社会的存在,阻碍它的发展,这种倒开历史车轮的反动现象是可能发生的。③

潘蛟关于鸦片种销与凉山奴隶制度内在联系的研究是一种全球体系的政治经济学解释,按照此思路我们基本上可以将凉山的奴隶制度理解为中国近代半殖民地半封建社会在凉山的特殊表现。此认识挑战了进化论将凉山奴隶制度看作是一种独立发展的

---

① 潘蛟:《试述鸦片种销对近代凉山彝族地区社会发展的消极影响》,《中央民族学院学报》,1987年第1期。
② 同上。
③ 同上。

理论,强调了中国不同民族在历史上的共同经历与命运。《凉山彝家》中的汉娃在后来的文献中被称为"家奴",主要指从汉区掠夺而来的单身奴隶,他们的命运在民主改革以后发生了翻天覆地的变化。在云南小凉山,政府建设51个农场安置了近1万家奴,经过几代人的努力,汉娃及其后裔已经融入凉山彝族社会,成为地地道道的彝族人。笔者的《鸡鸣之年:云南小凉山家奴安置的人类学研究》①一书继承了林耀华和潘蛟等学者关于汉娃的讨论,以上述51个农场的历史为背景,梳理了汉娃如何成为彝人的政治与文化过程。因此,凉山彝族社会的历史从未与内地的汉人社会断过线,汉娃的经历既是凉山的历史也是凉山周边汉人社会的历史。汉娃的命运折射出了奴隶制度的残忍与野蛮,历朝历代并无有效的办法来处理这一问题,直到新中国成立以后,中国共产党一系列政策的颁布和实施才彻底推翻了凉山的奴隶制度,让各族群众过上平等和自由的幸福生活。

三、民族志的集体属性

笔者之所以说《凉山彝家》是一本内外兼修的民族志,既基于《凉山彝家》的文本结构,也基于其文论。作为附录的"川边考察纪行"是《凉山彝家》最重要的组成部分,它既交代了《凉山彝家》考察团的冒险经历,也交代了民族志的研究方法,笔者建议读者先阅

---

① 嘉日姆几:《鸡鸣之年——云南小凉山家奴安置的人类学研究》,中国社会科学出版社2019年版。

读"川边考察纪行"再回头阅读正文,因为我们可以跟随林耀华先生的视角再次阅历凉山。《凉山彝家》是人类学家眼里的标准民族志。民族志是人类学家基于田野调查完成的一种文本,一般被认为与作者个人的探险经历有关,民族志因此具有一定的英雄主义色彩。"川边考察纪行"记录了整个考察团的言行举止,雷波县城里恪尽职守的官员,性格气质各异的保头,敬职敬责的翻译,与死神擦肩而过的背子,渴望自由的汉娃等人物形象已成为《凉山彝家》的底色与品质,我们由此体验到一段活生生的异域风情,它既在林耀华先生的生活在内也在其外。通过这些人物所塑造出来的画面将文化的内与外、价值的内与外、族群的内与外、阶级的内与外、凉山的内与外乃至国家的内与外都通过文本的结构得以表达,我们从附录看到了故事与事件之"动",从正文看到了文本与结构之"静",《凉山彝家》由此成为一本内外兼修的经典民族志。

《凉山彝家》处处留有林耀华先生的反思,他既尊重自己的研究对象,也同情他们的遭遇,这是一种境界很高的人文关怀,而这种关怀一直都是林耀华先生所有作品的气质。林耀华先生将考察团里的人物的故事和视角融入《凉山彝家》的文本里,比如他就用在雷波县城雇来的翻译王举嵩先生的经历来呈现汉娃如何被解救的情况,生动呈现其中的人情世故与交往。此种将合作者情感与视角融入文本叙事的品质与风格充分体现了《凉山彝家》成书的集体属性,林耀华先生并不避讳将合作者乃至自己的情感融入写作,此叙事方式远远超出同时代的许多民族志作品而具有某种超前性,提前思考、探索和实践了半个世纪以后才风行学术界的所谓"实验民族志",而《凉山彝家》恰恰就是因为尊重访谈对象和合作者的视角而凸显了民族志作品的集体属性,使其成为不断被不同时代阅读的经典。

林耀华先生于1975年、1984年先后两次再入凉山考察,与第一次一起称为"三上凉山"。1984年,林先生带着自己的几位研究生再次回访了当年保他入凉山的里区打吉和里区老穆的后人,当林耀华先生拿出40年前拍的老照片让村民们目睹早已过世的里区打吉的风采时,打吉的儿子激动地用彝语称呼林耀华先生"父亲",此情此景感染了在场的所有人,林先生及其学生们都流出了激动的泪水。林先生在后来的学术自述中写道,"40年前,我已曾多次见过汉族青年的眼泪,那是被掳进凉山的奴娃悲伤怨恨之泪。今天彝汉两家的眼泪流到一起,涌出的却是一片民族团结之情"①。林先生一直以赤子之心热爱着凉山,挂念着凉山,他见证了彝汉隔阂与民族团结的不同历史,凉山由此成为他最牵挂的心灵家园。2002年12月,林耀华先生的家人尊重林先生的遗愿,将先生毕生积攒下来的10万巨款捐献给凉山大学,设立"林耀华教授彝族大学生奖学基金",继续为凉山的教育和发展作出永不谢幕的贡献。笔者有幸以林先生再传弟子的身份参与该捐赠仪式,其间获得的温暖和幸福感至今驻留在笔者的日常生活之中,此刻,笔者愿意以写这篇导读的契机将这些温暖和幸福传递给读者们,希望大家能在民族大团结的集体情感中获得更多的幸福与安康。最后,感谢商务印书馆的信任与督促,让笔者再次沐浴《凉山彝家》的学术智慧与人文精神!

---

① 林耀华:《林耀华学述》,浙江人民出版社1999年版,第87页。